CW01650146

LA VÉRITÉ EST SPLENDIDE

Mgr Gérard DEFOIS
Mgr Pierre RAFFIN
Mgr Claude DAGENS
Mgr Jacques PERRIER
Mgr Émile MARCUS
Mgr Henri BRINCARD

MAME

Dépôt légal : octobre 1994
ISBN : 2-7289-0658-0

LA VÉRITÉ EST SPLENDIDE

Avant-propos

« Qu'est-ce que la vérité ? » La question exprime le doute de l'homme de tous les temps. Pilate, qui l'avait posée, n'obtint aucune réponse. Mais à Thomas qui l'avait interrogé quelques heures plus tôt, le Christ avait révélé : *« Je suis la Voie, la Vérité et la Vie. »*

Pour autant rien n'était gagné. Un gouverneur romain veille en chacun de nous pour, disons-nous, faire la part des choses et les sciences humaines apportent à nos doutes le poids rassurant de leur autorité. Ainsi l'Église constamment doit nous réveiller.

À son tour, Jean-Paul II, au creux de l'été 1993, a adressé aux évêques du monde entier une encyclique sortie tout droit d'une prière de contemplation : *Veritatis Splendor,* – Splendeur de la Vérité –. Il adresse son encyclique aux évêques et non, comme de coutume, à tous les hommes de bonne volonté. Il fait appel en eux au Docteur, celui qui doit enseigner les fidèles.

Évangile et Société [1], dont l'action tend à faire connaître et progresser l'enseignement social de l'Église, a souhaité donner une tribune à des évêques pour répondre à la démarche pédagogique du pape. Six d'entre eux ont ainsi développé, chacun selon sa tonalité propre, les principaux aspects de l'encyclique. Ce livre regroupe leurs contributions.

À leur lecture apparaît la richesse de *Veritatis Splendor*. Rappel de la morale qu'implique la reconnaissance de la Vérité. Hymne à la grandeur de la conscience individuelle, ce sanctuaire divin que nulle autorité ne saurait violer. Normes proposées pour libérer et épanouir la vie des personnes. Mais également, comme en contrepoint de la dimension personnelle, présence permanente de la dimension sociale. Le dialogue avec le jeune homme riche devient dialogue avec la communauté des hommes.

Six évêques, six développements de la pensée-prière de Jean-Paul II. Invitation surtout à nous laisser saisir à notre tour par la Vérité, la Voie, la Vie.

André Aumonier,
Président d'Évangile et Société.

---

1. 32, rue Médéric, 75017 Paris.

Le discernement du bien et du mal : critères pratiques

Mgr Gérard DEFOIS
Archevêque de Sens-Auxerre

Dans son encyclique *Veritatis Splendor,* Jean-Paul II remarque : « La déchristianisation qui affecte des communautés et des peuples entiers autrefois riches de foi et de vie chrétienne implique non seulement la perte de la foi ou, en tout cas, son insignifiance dans la vie, mais aussi et forcément, *le déclin et l'obscurcissement du sens moral* : et cela, du fait que l'originalité de la morale évangélique n'est plus perçue, ou bien à cause de l'effacement des valeurs et des principes éthiques fondamentaux eux-mêmes » (§ 106).

Une enquête européenne [1]

Le tableau ci-après, résultat d'une enquête menée en Europe sur la morale, montre bien

1. Cette enquête s'est faite sur plus de mille élèves, en novembre 1993, afin de savoir si le message du Saint-Père pouvait être reçu par les jeunes d'aujourd'hui.

touchant le bien et le mal,	Europe		France	
il y a des critères clairs		26,3 %		23,0 %
cela dépend des circonstances et seulement d'elles	73,7 %	57,1 %	77,1 %	64,2 %
ce n'est jamais clair		16,6 %		12,9 %

l'incertitude face au bien et au mal, pour les trois quarts de nos contemporains. Les jeunes ne font pas exception : ils reflètent la crise de la culture. Balandier a noté que la modernité c'était le changement plus l'incertitude. Cette déstabilisation voulue de nos représentations et de nos valeurs au nom du progrès a généré une survalorisation de la liberté, a défait en nos esprits les liens avec l'absolu et la transcendance. Le relativisme et le subjectivisme sont reçus en termes de libération ou de droits acquis laissant chacun à sa vérité.

Aussi l'on comprend la réaction actuelle : après une période où il fallait déconstruire une morale préfabriquée, estimée aliénante, interdire d'interdire, on se trouve dans une situation de flou, sur l'homme, sur la liberté, sur l'honnêteté (cf. la corruption et les affaires). Quand on ne croit plus à la nature humaine...

D'où la recherche morale, appelée éthique, pour maintenir une vie sociale heureuse et pacifiée. Nier la loi, c'est en un premier temps se libérer des contraintes, mais aussi créer un désert de valeurs et de règles du jeu. D'où la demande d'établir un droit des affaires, une éthique médicale, une éthique de la communication.

Nous oscillons entre une conception aliénante de la morale, qui comme une contrainte imposée nous priverait de la liberté essentielle à l'homme, et une dépendance égoïste et individualiste, ignorant le bien et le mal.

La morale chrétienne n'est pas dans cette vision écrasante de la loi morale, contrairement à ce que certains disent ou croient.

Jean-Paul II prend soin de souligner : « L'obéissance à Dieu n'est pas [...] une *hétéronomie* [1] comme si la vie morale était soumise à la volonté d'une toute-puissance absolue, extérieure à l'homme et contraire à l'affirmation de sa liberté. [...] Si l'hétéronomie de la morale signifiait la négation de l'autodétermination [...] ou l'imposition de normes extérieures à son bien, elle serait en contradiction avec la révélation de l'Alliance ou de l'Incarnation rédemptrice. Cette hétéronomie ne serait qu'une forme d'aliénation, contraire à la Sagesse divine et à la dignité de la personne humaine » (§ 41).

La morale, aujourd'hui, pour l'homme

La morale pour l'homme, c'est la recherche vitale du bien, de ce qui donne un sens à la vie, de ce qui constitue l'homme dans sa dignité et sa valeur de personne humaine.

Ceci comporte des éléments collectifs : respect et promotion de l'homme dans la société, relation de justice et de solidarité, économie, politique, relations culturelles, droits de l'homme et justice sociale nationale et internationale. Et le pape cite le Concile, en *Gaudium et Spes :* « Tout ce qui s'oppose à la vie elle-même,

1. La loi extérieure.

comme toute espèce d'homicide, le génocide, l'avortement, l'euthanasie et même le suicide délibéré ; tout ce qui constitue une violation de l'intégrité de la personne humaine, comme les mutilations, la torture physique ou morale, les conditions de vie sous-humaines, les emprisonnements arbitraires, les déportations, l'esclavage, la prostitution, le commerce des femmes et des jeunes ; ou encore les conditions de travail dégradantes qui réduisent les travailleurs au rang de purs instruments de rapport, sans égard pour leur personnalité libre et responsable : toutes ces pratiques et d'autres analogues sont, en vérité, infâmes. Tandis qu'elles corrompent la civilisation, elles déshonorent ceux qui s'y livrent plus encore que ceux qui les subissent, et insultent gravement l'honneur du Créateur » (*Veritatis Splendor*, § 80).

Cette citation est importante, car elle exprime un discernement du bien et du mal en référence au Créateur et au respect de sa créature qu'est l'homme. Il y a bien un ordre objectif concernant l'homme et la société, le rapport à autrui et la civilisation. Alors que les gens auprès desquels l'enquête a été faite, en fidèles modernes, pensent « à chacun sa vérité, à chacun selon sa conscience », et font de la vie morale une réalité subjective, relative aux circonstances, sinon à l'instinct. L'objectivité du bien et du mal, leur universalité (ne serait-ce qu'en termes kantiens), la responsabilité, collective et objective, prend le contre-pied d'une tendance à réserver au domaine privé, individuel, l'appréciation de la valeur morale des actes. Et là, bien sûr nous retrouvons l'encyclique : « La moralité des actes humains ne se déduit pas seulement de l'intention, de l'orientation ou de l'option fondamentale, entendue au sens d'une intention qui ne comporte pas d'engagements bien déterminés ou qui ne serait pas suivie d'un effort réel dans les divers domaines où doit s'exercer la vie morale. On ne peut juger de la moralité, dès lors qu'on omet de vérifier si le choix délibéré d'un comportement concret est conforme ou contraire à la dignité et à la vocation intégrale de la personne humaine. Tout choix implique toujours une référence de la volonté délibérée aux biens et aux maux présentés par la loi naturelle comme des biens à rechercher et des maux à éviter » (§ 67).

Je ne traiterai pas ici de la loi naturelle comme telle, mais il nous faut souligner que tout jugement éthique ou moral est déterminé par une idée claire du bien : ici la dignité et la vocation intégrale de la personne humaine. C'est le fondement de l'humanité de l'homme qui est en jeu lorsque la civilisation ne sait plus où est le bien, où est le mal, ou lorsque dans les mentalités la frontière fluctue au gré des circonstances.

Le pape entend non pas condamner cette civilisation mais l'aider, la sauver, en lui indiquant les amarres essentielles de son itinéraire, au-delà des pulsions ou des circonstances. C'est par l'amour du bien, du bon et du vrai que la morale trouve son sens.

Le rôle spirituel des interdits : les préceptes moraux négatifs

« Aucun homme ne peut se dérober aux questions fondamentales : *Que dois-je faire ? Com-*

ment discerner le bien du mal ? La réponse n'est possible que grâce à la splendeur de la vérité qui éclaire les profondeurs de l'esprit humain » (§ 2).

Le jeune homme riche que Jean-Paul II présente comme le porche de son encyclique sur la morale porte en lui cette question qu'il exprime à Jésus, selon les termes de l'Évangile de saint Matthieu : « Un homme approcha... » (Mt 19, 16).

« *Le dialogue de Jésus avec le jeune homme riche,* rapporté au chapitre 19 de l'Évangile de saint Matthieu, peut constituer une trame utile *pour réentendre* de manière vivante et directe, *l'enseignement moral de Jésus* : "Et voici qu'un homme s'approcha et lui dit : 'Maître, que dois-je faire de bon pour obtenir la vie éternelle ?' Il lui dit : 'Qu'as-tu à m'interroger sur ce qui est bon ? Un seul est le Bon. Si tu veux entrer dans la vie, observe les commandements.' – 'Lesquels ?' lui dit-il. Jésus reprit : 'Tu ne tueras pas, tu ne commettras pas d'adultère, tu ne voleras pas, tu ne porteras pas de faux témoignage, honore ton père et ta mère, et tu aimeras ton prochain comme toi-même'". »

Quatre préceptes négatifs et deux préceptes positifs dans ce rappel du Décalogue : ne pas tuer, ne pas commettre d'adultère, ne pas voler, ne pas mentir par faux témoignage. C'est l'absolu du respect de l'autre, de son corps, de ses biens, de son honneur, de l'amour, et cela débouche positivement sur le respect de ceux qui ont transmis la vie et sur l'amour comme clef de la vie sociale.

Le pape est très clair sur la nécessité des interdits : « Les préceptes moraux négatifs, c'est-à-dire ceux qui interdisent certains actes ou comportements concrets comme intrinsèquement mauvais, n'admettent aucune exception légitime ; ils ne laissent aucun espace moralement acceptable pour "créer" une quelconque détermination contraire. Une fois reconnue dans les faits la qualification morale d'une action interdite par une règle universelle, le seul acte moralement bon consiste à obéir à la loi morale et à éviter l'action qu'elle interdit » (§ 67).

Mais il en précise le sens spirituel et proprement humaniste : « *les préceptes négatifs* de la loi naturelle sont universellement valables : ils obligent tous et chacun, toujours et en toute circonstance [...] sans exception » (§ 52). Pourquoi ? Parce qu'« un tel comportement n'est en aucun cas compatible avec la bonté de la volonté de la personne qui agit, avec sa vocation à la vie avec Dieu et à la communion avec le prochain ».

Il y a des comportements qui ne peuvent jamais et dans aucune situation être la réponse juste, c'est-à-dire conforme à la dignité de la personne.

Tout cela doit être sous-tendu par l'amour du Bien, ainsi que Jean-Paul II remarque : « Le fait que seuls les commandements négatifs obligent toujours et en toutes circonstances ne veut pas dire que les prohibitions soient plus importantes dans la vie morale que le devoir de faire le bien, exprimé par les comportements positifs. La raison en est plutôt la suivante : le commandement de l'amour de Dieu et de l'amour du prochain ne comporte dans sa dynamique positive aucune limite supérieure, mais il a une limite inférieure en dessous de laquelle il est violé. »

Aussi l'interdit n'est pas à lui seul la loi. Celle-ci est un appel au bien et à l'amour tant de Dieu que de ses frères.

L'éducation du discernement du bien et du mal

Entre la loi et la décision subjective, il y a l'espace de la conscience où dans la liberté sacrée est donnée une réponse à la vérité. Ce thème sera abordé par ailleurs, toutefois je rappelle que la conscience est le lieu du jugement pratique, de la décision morale. Et l'encyclique de préciser : « Le jugement de la conscience ne définit pas la loi, mais il atteste l'autorité de la loi naturelle et de la raison pratique en rapport avec le Bien suprême par lequel la personne humaine se laisse attirer et dont elle reçoit les commandements : "La conscience n'est donc pas une source autonome et exclusive pour décider ce qui est bon et ce qui est mauvais ; au contraire, en elle est profondément inscrit un principe d'obéissance à l'égard de la norme objective qui fonde et conditionne la conformité de ses décisions aux commandements et aux interdits qui sont à la base du comportement humain" » (§ 60).

Nous avons là, à propos des jeunes générations, ce que j'appellerai une pastorale de la conscience pour aider les consciences à discerner le bien et le mal. Cette éducation demande que soient élucidés dans les esprits et les représentations culturelles : le rôle moral et spirituel des interdits ou des préceptes négatifs ; le lien positif entre la liberté et la loi, comme sens de la responsabilité tant personnelle que collective ; la relation riche, sur le plan théologal, entre la liberté et la vérité ; l'amour du bien comme lumière de Dieu pour vivre éternellement.

Or, il faut le reconnaître, cela va à l'encontre de toute une littérature, hédoniste ou existentialiste, dont nos médias nous ressassent des versions vulgaires. Ce propos s'inscrit à l'encontre des évidences que nos générations adultes ont enseignées : ne rien faire, ne rien imposer, ne rien déterminer en matière de valeurs et de convictions pour ne pas contraindre les libertés. Le résultat en est souvent une déresponsabilisation. Ce vide moral entraîne le désarroi, propice aux intégrismes de la technique et de la science, ou aux manipulations totalitaires de l'homme.

Mais il y a aussi le refus de reconnaître le mal comme péché et de se reconnaître pécheurs. Et cela concrètement, en des actes matériels. La recherche d'une déculpabilisation radicale conduit à une déresponsabilisation sociale et à un désenchantement du monde.

Oui, nous sommes capables de briser notre lien de connaissance avec Dieu et en même temps de nous retourner vers Lui dans un esprit de pénitence. Pour un jeune comme pour un adulte, cela donne à la foi, non pas la signification d'une croyance, mais d'une histoire personnelle qui s'inscrit dans le mystère du salut. Le péché, et notre péché, fait partie de notre itinéraire, à la fois moral et spirituel, vers le Père de toute miséricorde. Et cette formation d'une conscience pécheresse et pardonnée fait partie de notre responsabilité d'évangélisation.

Notre mission prophétique de pasteurs est aussi d'appeler au martyre. Au témoignage crucifiant d'un bonheur différent. Au prix de sacrifices et de dépassements. Le radicalisme évangélique des Béatitudes, la saveur de la perfection dans l'amour ont été oubliés dans notre culture et peut-être notre prédication morale. Des décennies de débats sur la morale personnelle ont été marquées par un consentement au « monde présent ». Trop de facilités de vie nous ont fait rechercher une morale confortable où bien et mal se confondent. Le pape nous rappelle les vertus de force et de fidélité.

« L'autorité de l'Église, qui se prononce sur les questions morales, ne lèse donc en rien la liberté de conscience des chrétiens : d'une part, la liberté de conscience n'est jamais une liberté affranchie "de" la vérité, mais elle est toujours et seulement "dans" la vérité ; et, d'autre part, le Magistère ne fournit pas à la conscience chrétienne des vérités qui lui seraient étrangères, mais il montre au contraire les vérités qu'elle devrait posséder en les déployant à partir de l'acte premier de la foi. L'Église se met toujours et uniquement *au service de la conscience* en l'aidant à ne pas être ballottée à tout vent de doctrine au gré de l'imposture des hommes (cf. Ep 4, 14), à ne pas dévier de la vérité sur le bien de l'homme, mais, surtout dans les questions les plus difficiles, à atteindre sûrement la vérité et à demeurer en elle. »

Demeurer dans la vérité, communier à la vie trinitaire, n'est-ce pas ce qu'au fond de lui-même le jeune riche espérait ? Mais, trop attaché à sa suffisance, il s'en alla triste. Il nous faut lire l'évangile à chaque jeune homme riche d'aujourd'hui.

Vision chrétienne de l'homme de *Gaudium et Spes* au *Catéchisme de l'Église catholique* et à *Veritatis Splendor*

Mgr Pierre Raffin
Évêque de Metz

« L'homme est la route de l'Église, route qui se déploie, d'une certaine façon, à la base de toutes les routes que l'Église doit emprunter », écrivait Jean-Paul II dans son encyclique *Redemptor hominis*. Pourquoi l'homme est-il la route de l'Église ? Écoutons encore le Saint-Père : « Parce que l'homme, tout l'homme sans exception, a été racheté par le Christ, parce que le Christ est en quelque sorte uni à l'homme, à chaque homme, même si ce dernier n'en est pas conscient » (n° 14).

La personne humaine se trouve située ainsi au cœur de la mission de l'Église et, pour ainsi dire, au cœur du mystère de la Rédemption.

La liturgie de l'Église le proclame à sa manière, par exemple dans la troisième préface de la Nativité que nous chantions récemment. La traduction française de ce texte ne rend malheureusement pas justice à la vigueur et au dynamisme du texte latin : « *Per quem hodie commer-*

cium nostrae reparationis effulsit quia dum nostra fragilitas a tuo Verbo suscipitur, humana mortalitas non solum in perpetuum transit honorem, sed nos quoque mirando consortio, reddit aeternos » (le missel français traduit : « Par lui s'accomplit en ce jour l'échange merveilleux où nous sommes régénérés : lorsque ton Fils prend la condition de l'homme, la nature humaine en reçoit une incomparable noblesse ; il devient tellement l'un de nous, que nous devenons éternels »).

Le verbe « *transire* » indique bien l'idée de passage d'un état à un autre, tandis qu'est précisée la condition de la nature humaine assumée par le Verbe : « *fragilitas* » et « *humana mortalitas* » ; la qualité de la relation entre l'homme et le Christ incarné est bien rendue par « *commercium* » et « *consortio* ». C'est entre le Christ rédempteur et chaque homme, dans sa faiblesse et sa finitude, et non avec une nature humaine globale dont la traduction n'ose évoquer ni la fragilité ni la mortalité, que se joue concrètement la relation qui nous sauve.

Gaudium et Spes

La réalité que je viens d'évoquer brièvement en me référant à la liturgie de l'Église et au successeur de Pierre se situe au centre de la Constitution pastorale sur l'Église dans le monde de ce temps (*Gaudium et Spes*) promulguée le 7 décembre 1965. Parcourons-en particulièrement les n°s 12 à 22.

L'homme blessé

Pour parler de l'être humain, le Concile emploie une expression qui mérite toute notre attention : *le mystère de l'homme.* De quel mystère s'agit-il ?

Sans doute du décalage qui existe entre sa condition actuelle et sa vocation, dans la perspective de ce à quoi il était destiné au jour de sa création.

En effet, « l'homme a été créé à l'image de Dieu, capable de connaître et d'aimer son Créateur, il a été constitué seigneur de toutes les créatures terrestres, pour les dominer et pour s'en servir en glorifiant Dieu » (n° 12). Et voici que ce même homme se trouve confronté au mystère de la mort et de la finitude : « C'est en face de la mort que l'énigme de la condition humaine atteint son sommet. L'homme n'est pas seulement tourmenté par la souffrance et la déchéance progressive de son corps, mais plus encore par la peur d'une destruction définitive » (n° 18). C'est qu'entre l'état de justice qui était le sien au moment de sa création, et sa condition actuelle, l'homme a joué... et perdu. : « Refusant souvent de reconnaître Dieu comme son principe, l'homme a, par le fait même, brisé l'ordre qui l'orientait à sa fin dernière, et, en même temps, il a rompu toute harmonie, soit par rapport à lui-même, soit par rapport aux autres hommes et à toute la création » (n° 13).

Drame des origines, qui laisse l'homme livré à lui-même, « incapable par lui-même de vaincre effectivement les assauts du mal » (n° 13). L'image et la ressemblance de Dieu qu'il porte en lui subsistent cependant et heureusement, comme l'écrira Tertullien : « Il fallait donc que Dieu fût connu. Cela est bon, en effet, et raisonnable. Il fallait donc qu'existât quelque chose qui fut digne de connaître Dieu. Qu'aurait-on pu concevoir qui en fût aussi digne que son image et sa ressemblance ? Et ceci également est bon, assurément, et raisonnable. Il fallait donc que fût instituée une image et ressemblance de Dieu, dotée de libre-arbitre et de maîtrise de soi, en laquelle cela même serait considéré comme image et ressemblance de Dieu, je veux dire la liberté de choix et de pouvoir » (*Adversus Marcionem,* II, 6, 2-3, C.C.L. 1, p. 480).

Terrible drame que celui de l'humanité : « blessé par le péché, (l'homme) ressent en lui les révoltes du corps. C'est donc la dignité même de l'homme qui exige de lui qu'il glorifie Dieu dans son corps, sans se laisser asservir aux mauvais penchants de son cœur » (n° 14).

L'homme sait qu'il participe des éléments du monde. Honorius d'Autun le chantait dans la poésie de son *Elucidianum* : « L'homme a de la terre la chair, de l'eau le sang, de l'air le souffle, du feu la chaleur. Sa tête est ronde, à la manière de la sphère céleste. Les yeux brillent comme les deux luminaires du ciel. Sept orifices le décorent, harmonieux comme les sept ciels. La poitrine, où se situe le souffle et la toux, ressemble à l'air où se forment les vents et la tempête. Le ventre reçoit tous les liquides, comme la mer tous les fleuves. Les pieds portent le poids du corps, comme la terre. L'homme tient la vue du feu céleste, l'ouïe de l'air supérieur, l'odorat de l'air inférieur, de l'eau le goût, de la terre le toucher. Il participe à la dureté de la pierre par ses os, à la force des arbres par ses ongles, à la beauté des plantes par ses cheveux » (I, 59). Mais en même temps il leur est bien supérieur : « En vérité, l'homme ne se trompe pas lorsqu'il se reconnaît supérieur aux éléments matériels et qu'il se considère comme irréductible, soit à une simple parcelle de la nature, soit à un élément anonyme de la cité humaine » (*G.S.* n° 14).

Doué d'intelligence et de sagesse, éclairé par la conscience morale, l'homme en effet n'est pas privé de liberté, même si elle est blessée par le péché.

L'intelligence de l'homme trouve sa perfection dans sa sagesse qui le « conduit du monde visible à l'invisible » (n° 15). Dans sa conscience, l'homme découvre la « loi inscrite par Dieu au cœur de l'homme ; sa dignité est de lui obéir, et c'est elle qui le jugera » (n° 16).

Le bien ainsi découvert, l'homme peut s'orienter vers lui librement, « d'une manière effective et intégrale » (n° 17), car sa « dignité exige de lui qu'il agisse selon un choix conscient et libre, mû et déterminé par une conviction personnelle (...) L'homme parvient à cette dignité lorsque, se délivrant de toute servitude des passions, par le choix libre du bien, il marche vers sa destinée et prend soin de s'en procurer réellement les moyens par son ingéniosité » (n° 17).

Bien plus, la véritable dignité de l'homme ne peut s'accomplir que dans l'abandon à l'amour de Dieu, que dans la reconnaissance de sa prévenance pour tout homme. Loin d'être une aliénation, la vérité de Dieu accueillie dans un cœur libre et disposé à s'en remettre à elle, libère l'homme de toutes les idoles, lui permet de sortir de toutes les impasses, le révèle à lui-même comme « fils appelé à l'intimité même de Dieu et au partage de son propre bonheur (...). L'Église sait parfaitement que son message est en accord avec le fond secret du cœur humain quand elle défend la dignité de la vocation de l'homme, et rend ainsi l'espoir à ceux qui n'osent plus croire à la grandeur de leur destin » (n° 21).

L'homme restauré

Quelle est cette destinée à laquelle Dieu convie sa créature ? « Dieu a appelé et appelle l'homme à adhérer à lui de tout son être, dans la communion éternelle d'une vie inaltérable » (n° 18). Le Concile emploie encore d'autres expressions qui montrent que le langage humain est incapable de rendre compte globalement d'une telle réalité : « L'aspect le plus sublime de la dignité humaine se trouve dans cette vocation de l'homme à communier avec Dieu. Cette invitation que Dieu adresse à l'homme de dialoguer avec lui commence avec l'existence humaine » (n° 19). Adhérer, communier, dialoguer... autant de verbes qui désignent finalement ce que nous pouvons définir comme la vocation ultime de l'homme : le bonheur, la béatitude. Un auteur médiéval, Raoul Glaber, écrivait : « Comme c'est le Créateur qui, par sa toute-puissance, répartit et ordonne de façon ineffable les diverses espèces de la nature, il n'y a rien en dehors de lui où elles puissent trouver le repos, et elles ne peuvent que revenir à celui dont elles procèdent » (*Histoires*, III, 28). On aura reconnu l'influence de saint Augustin cité par le Concile au n° 21 : *« Fecisti nos ad te et inquietum est cor nostrum, donec requiescat in Te. »*

Blessé, mais libre ; divisé, mais non diminué ; affaibli, mais non démuni de secours ; en butte à la mort, mais non abandonné ; l'homme en effet est « pleinement (manifesté) à lui-même » dans « le Christ, nouvel Adam, qui lui découvre la sublimité de sa vocation » (n° 22).

Dans le Christ, en effet, parfaite « image du Dieu invisible » (Col 1, 15), est « restaurée dans la descendance d'Adam la ressemblance divine, altérée dès le premier péché » (n° 22). La liturgie, une fois encore, confirme cette intuition. Je pense ici particulièrement à la prière après la communion de la fête de la Transfiguration : *« Caelestia, quaesumus, Domine, alimenta quae sumpsimus in eius nos transforment imaginem cuius claritatem gloriosa Transfiguratione manifestare voluisti »* (Nous t'en prions, Seigneur, que ces aliments célestes que nous venons de recevoir nous transforment en l'image de Celui dont tu as voulu manifester la lumière par sa glorieuse Transfiguration).

Saint Bernard ne dit pas autre chose : « Quand nous verrons Dieu face à face, nous le verrons tel qu'il est. Ce jour-là, nous pourrons appuyer aussi fort qu'il nous plaira sur la pointe fragile de notre intelligence. Nous ne la verrons ni déraper, ni se briser en morceaux. Elle en prendra plus de dureté, de cohésion. Elle se façonnera à l'unité de Dieu, à l'unité par excellence. Ainsi, une image unique répondra à l'image de l'unité » (*De consideratione*, 105).

Cette restauration est possible parce que « par son Incarnation, le Fils de Dieu s'est en quelque sorte uni à tout homme. Il a travaillé avec des mains d'homme, il a pensé avec une intelligence d'homme, il a agi avec une volonté d'homme, il a aimé avec un cœur d'homme. Né de la Vierge Marie, il est vraiment devenu l'un de nous, en tout semblable à nous, hormis le péché » (n° 22). De la réalité de l'Incarnation découle la réalité de la nature humaine en tout homme, en chaque homme. Tel est le merveilleux échange que chante saint Augustin : « Ainsi l'Immortel a pu mourir, ainsi il a voulu donner la vie aux mortels ; il devait ensuite faire partager sa vie à ceux dont il avait le premier partagé la vie. Car nous, nous n'avions pas nous-mêmes de quoi vivre, et lui n'avait pas lui-même de quoi mourir. Ainsi il a fait avec nous, dans une mutuelle participation, un échange admirable : c'était à nous, ce par quoi il est mort ; ce sera à lui, ce par quoi nous pourrons vivre » (*Sermones*, Morin, Guelfert, 3).

Conformé au Christ dans sa mort, associé au mystère pascal de son Seigneur, l'homme va au-devant de la résurrection après avoir, grâce à l'Esprit Saint, « accompli la loi nouvelle de l'Amour » (n° 22).

Finalement, ce n'est que dans le Christ que s'éclaire le mystère de l'homme et que se réalisent pour lui les merveilles du salut ; et cela, non seulement pour « ceux qui croient au Christ, mais bien pour tous les hommes de bonne volonté, dans le cœur desquels, invisiblement, agit la grâce » (n° 22).

Je commençais tout à l'heure cette partie consacrée à *Gaudium et Spes* en citant *Redemptor hominis*. Ce n'était pas seulement parce qu'il y est traité de la vision chrétienne de l'homme en rapport avec le mystère de la rédemption, mais aussi parce qu'à maintes reprises dans ce texte qui date de 1979 – soit quatorze années après *Gaudium et Spes* et quatorze années avant le *Catéchisme de l'Église catholique* dont il va être question maintenant – les citations du texte conciliaire et les références à ce texte abondent.

Permettez-moi de le citer une fois encore : « Lorsque, à travers l'expérience de la famille humaine qui augmente continuellement à un rythme accéléré, nous pénétrons le mystère de Jésus-Christ, nous comprenons, avec plus de clarté que, au centre de toutes les routes par lesquelles l'Église de notre temps doit poursuivre sa marche (...), il y a une route unique : la route expérimentée depuis des siècles et qui est en même temps la route de l'avenir. Le Christ Seigneur a indiqué cette route surtout lorsque, pour reprendre les termes du Concile, par l'Incarnation, le Fils de Dieu s'est uni d'une certaine manière à tout homme. L'Église reconnaît donc son devoir fondamental en agissant de telle sorte que cette union puisse continuellement s'actualiser et se renouveler. L'Église désire servir cet objectif unique : que tout homme puisse retrouver le Christ, afin que le Christ puisse parcourir la route de l'existence, en compagnie de chacun, avec la puissance de la vérité sur l'homme et sur le monde contenue dans le mystère de l'Incarnation et de la Rédemption, avec la puissance de l'amour qui en rayonne » (n° 13).

Le Catéchisme de l'Église catholique
(3e partie : « La vie dans le Christ », 1re section)

Cet ouvrage est un catéchisme. Il s'y trouve donc tout ce qui doit figurer dans un catéchisme, exposé de façon claire et systématique, selon la loi du genre. Mais d'où vient que nous ne respirons pas, à le lire, ce léger parfum d'ennui et de rigueur triste qui suintait, autrefois, des livres écrits dans le même but ? Dieu y tenait à peu près toute la place, ce qui était juste, mais l'homme n'en sortait pas très vivant. Il n'avait qu'à bien se tenir, et souffrait un peu de troubles respiratoires. Il lui était prescrit de louer et de servir Dieu, de l'aimer s'il y parvenait, de ne pas importuner son prochain, s'il y réussissait, et de présenter, au bout du compte, un solde raisonnablement positif de sacrifices, de mérites et de vertus, s'il désirait obtenir la vie éternelle. Mais le désirait-il ? Cette forme d'existence, à dire vrai, n'attirait pas trop les foules, plus soucieuses de bonheurs actuels.

L'appel au bonheur

Or, voici que le bonheur apparaît comme un des maîtres-mots du *Catéchisme de l'Église catholique.* C'est étonnant, même si ce bonheur, le plus souvent, s'appelle « la béatitude ». C'est bien lui, le bonheur. Il est reconnu que « nous voulons vivre heureux » (saint Augustin) et que ce « désir naturel de bonheur » est « d'origine divine ». C'est Dieu qui « l'a mis dans le cœur de l'homme » (1718).

Nous sommes en présence d'une vision de l'homme qui est centrée sur le bonheur, et non pas sur ce « il faut souffrir » qui a désespéré tant de chrétiens. Le bonheur est bien « le but de l'existence humaine » (1719). Il est vrai que cette conception de la vie des hommes n'est pas un hédonisme de plus. Sans les mépriser, il ne s'agit pas de s'attacher uniquement aux nourritures terrestres : « Dieu seul rassasie » (saint Thomas, symb. 1), « Dieu nous appelle à sa propre béatitude » (1719). Dieu met, en quelque sorte, son propre bonheur à nous vouloir heureux. Il nous a faits pour cela. Il nous a voulus « pour nous-mêmes » et destinés, dès le départ, à « la béatitude éternelle » (1703). C'est là notre grandeur et notre dignité. L'« image divine est présente en chaque homme » (1702).

Dieu nous montre le chemin du bonheur. C'est le chemin du Royaume des Cieux, ou, si l'on veut, de la « jouissance divine » (1722). Ce sont les Béatitudes, qui « dépeignent le visage de Jésus-Christ » et, par le fait même, « éclairent les actions et les attitudes caractéristiques de la vie chrétienne » (1717), propres à hâter en nous l'avènement du Royaume de Dieu, à nous conduire à la vision de Dieu, à nous faire entrer dans la joie du Seigneur, ou dans le repos de Dieu (cf. 1720).

Mais tout de même, il faut prendre le chemin, et ensuite s'y maintenir. Tout vient de Dieu, et tout vient du cœur de l'homme. Tant de bonheur « résulte d'un don gratuit de Dieu » (1722). Nous sommes, au point de départ, dans le domaine du surnaturel et de la grâce, mais il nous revient, ensuite, pour demeurer dans la sphère des Béatitudes, de faire de notre liberté, ce don précieux, un usage raisonnable, et responsable. Cette liberté, qui « est en l'homme une force de croissance et de maturation dans la vérité et la bonté (...) atteint sa perfection quand elle est ordonnée à Dieu, notre béatitude » (1731). Il y a, certes, presque sans cesse des conflits entre la liberté et le péché de l'homme. Mais, de même que « le Christ a racheté les hommes du péché qui les détenait en esclavage » (1741), de même, « par le travail de la grâce, l'Esprit Saint nous éduque à la liberté spirituelle pour faire de nous de libres collaborateurs de son œuvre dans l'Église et dans le monde » (1742). Ainsi, « c'est pour la liberté que le Christ nous a libérés » (Ga 5, 1).

« La liberté fait de l'homme un sujet moral » et lui permet de devenir le « père de ses actes » (1749). Notre raison nous permet de situer nos actions et nos comportements par rapport aux « trois sources » de la moralité des actes humains (cf. 1757) : l'objet, l'intention et les circonstances, en opérant sans cesse le travail de discernement qui s'impose : en effet, l'acte « moralement bon », c'est-à-dire orienté vers la béatitude, « suppose à la fois la bonté de l'objet, de la fin, et des circonstances » (1760). D'où la nécessité, aussi, de réguler notre cœur, car le « cœur de l'homme » est « la source d'où jaillit le mouvement des passions » (1764). Autrefois, lorsqu'on risquait le mot de passions, on pensait immédiatement aux passions mauvaises et aux pires turpitudes. *Le Catéchisme*, quant à lui, affirme d'emblée que « la passion la plus fondamentale est l'amour provoqué par l'attrait du bien. L'amour cause le désir du bien absent et l'espoir de l'obtenir. Ce mouvement s'achève dans le plaisir et la joie du bien possédé » (1765). Sans oublier les passions contraires, on peut noter que notre texte fait preuve, dans ce domaine, d'un lumineux optimisme, surtout lorsqu'il termine ce développement par une affirmation adaptée de saint Augustin : « Il n'y a que le bien qui soit aimé » (1766). Il n'y a que le bien, aussi, qui soit aimable, et « la perfection morale est que l'homme ne soit pas mû au bien par sa volonté seulement, mais aussi par son appétit sensible selon cette parole du psaume : "Mon cœur et ma chair crient de joie vers le Dieu vivant" (Ps 84,3) » (1770).

L'homme n'est pas seul pour ordonner ses passions vers le bien et diriger sa liberté vers la béatitude que Dieu lui propose. *Gaudium et Spes* parlait déjà de la conscience morale, non sans un certain lyrisme (16), et le *Catéchisme* cite ce passage : « C'est une loi inscrite par Dieu au cœur de l'homme. La conscience est le centre le plus intime et le plus secret de l'homme, le sanctuaire où il est seul avec Dieu et où sa voix se fait entendre » (1776). Cette voix divine « atteste l'autorité de la vérité en référence au Bien suprême dont la personne humaine reçoit l'attirance et accueille les commandements » (1777). Aussi faut-il, le plus souvent, faire le silence en soi pour pouvoir écouter ce murmure et lui permettre de « demeurer en lui le témoin de la vérité universelle du bien » (1781) en proposant un « jugement prudent » (1780). Il est nécessaire, aussi, que notre conscience reste droite pour être capable, avec le plus de justesse possible, d'interpréter les données de l'expérience et les signes des temps » (1788), au milieu de « situations qui rendent le jugement moral moins assuré et la décision difficile » (1787). On se rend compte bien vite que « l'éducation de la conscience est une tâche de toute la vie » (1784), et que, dans ce domaine, « la Parole de Dieu est la lumière sur notre route » (1785). Par ailleurs, « nous sommes assistés des dons de l'Esprit Saint, aidés par le témoignage ou le conseil d'autrui et guidés par l'enseignement autorisé de l'Église » (*Ibid*).

Chances et malchances du bonheur

Dans cette tâche de formation et de discernement qui ne s'épuise jamais, la vertu, ou les vertus, nous sont d'un grand secours. Tout le monde a connu des gens qui s'estimaient vertueux et qui n'étaient que chétifs et insipides. L'idée que se fait le *Catéchisme* sur la question est autrement dynamique. Saint Grégoire de Nysse enseigne que « le but d'une vie vertueuse consiste à devenir semblable à Dieu » (beat. 1). Les vertus morales, en effet, quoique « humainement acquises, (...), disposent toutes les puissances de l'être humain à communier à l'amour divin » (1804). Et nous avons ces lignes qui nous ramènent au bonheur du chrétien : « (les vertus) procurent facilité, maîtrise et joie pour mener une vie moralement bonne. L'homme vertueux, c'est celui qui librement pratique le bien » (1804). Il est « heureux de (...) pratiquer » ces vertus « acquises par l'éducation, par des actes délibérés et par une persévérance toujours reprise dans l'effort », qui « sont purifiées et élevées par la grâce divine » (1810).

L'homme étant créé à l'image de Dieu, il coule de source que « les vertus humaines s'enracinent dans les vertus théologales qui adaptent les facultés de l'homme à la participation de la nature divine » (1812). Celles-ci « sont influencées par Dieu dans l'âme des fidèles pour les rendre capables d'agir comme ses enfants et de mériter la vie éternelle » (1813). La plus grande des trois vertus est, bien entendu, la charité, qui est « la forme des vertus » (1826), car elle « les articule et les ordonne entre elles ; elle est source et terme de leur pratique chrétienne... Elle assure et purifie notre puissance humaine d'aimer. Elle l'élève à la perfection surnaturelle de l'amour divin » (1827). Et le *Catéchisme* cite saint Augustin, qui dit, dans son commentaire de la 1re épître de saint Jean (10,4), que « là est la fin ; c'est pour l'obtenir que nous courons, c'est vers elle que nous courons ; une fois arrivés, c'est en elle que nous nous reposerons ». Il est clair que la charité, c'est déjà la béatitude à laquelle l'homme aspire. Elle est en tout cas le fruit de l'Esprit Saint répandu dans le cœur des chrétiens, un fruit qui est déployé et soutenu par les sept dons de l'Esprit.

Le Saint-Esprit nous est donné aussi pour ramener à Dieu le cœur de l'homme qui s'est déporté à l'opposé de la béatitude. Notre faim de bonheur peut nous conduire à « un attachement pervers à certains biens » (1849). Le péché, en effet, « se dresse contre l'amour de Dieu pour nous et en détourne nos cœurs (...). Il est une désobéissance, une révolte contre Dieu (...), exaltation orgueilleuse de soi (...) diamétralement contraire à l'obéissance de Jésus qui accomplit le salut » (1850). Du seul point de vue de l'homme, il est « une faute contre la raison, la vérité, la conscience droite » (1849). Le *Catéchisme* maintient les distinctions classiques : le *péché mortel* « détruit la charité dans le cœur de l'homme par une infraction grave à la Loi de Dieu ; il détourne l'homme de Dieu, qui est sa fin ultime et sa béatitude, en lui préférant un bien inférieur. Le *péché véniel* laisse subsister la charité, même s'il l'offense et la blesse » (1855) ; cette distinction est importante du point de vue de l'anthropologie chrétienne, car elle est le signe d'un sens aigu de la grandeur et de la dignité de l'homme, créature, mais image de Dieu, libre et maître de son destin. Le *Catéchisme* explique : « le péché mortel est une possibilité radicale de la liberté humaine comme l'amour lui-même (...) S'il n'est pas racheté par le repentir et le pardon de Dieu, il cause l'exclusion du Royaume du Christ et la mort éternelle de l'enfer, *notre liberté ayant le pouvoir de faire des choix pour toujours, sans retour.* » Cette affirmation est importante, en des temps où les choix humains paraissent souvent incapables de résister à la moindre tempête.

À propos du péché, nous découvrons dans le *Catéchisme* une notion qui, jusqu'alors, n'était peut-être pas ancrée dans l'esprit de ses lecteurs, celle de la *coopération* au péché d'autrui, qui était déjà connue des manuels, mais sans doute pas dans le sens de la découverte de « structures de péché », voire de « péché social ». L'article 1869 est clair là-dessus : « Le péché rend les hommes complices les uns des autres, fait régner entre eux la concupiscence, la violence et l'injustice. Les péchés provoquent des situations sociales et des institutions contraires à la Bonté divine. Les "structures du péché" sont l'expression et l'effet des péchés personnels. Elles induisent leurs victimes à commettre le mal à leur tour. Dans un sens analogique, elles constituent un "péché social" » (1869). (L'expression « péché social » est empruntée à *Reconciliatio et paenitentia*, n° 16.)

Et, sans en avoir l'air, nous avons ainsi ajouté à notre constatation de départ une harmonique nouvelle : la dimension communautaire de la vie des hommes. Car, « si la vocation de l'humanité est de manifester l'image de Dieu et d'être transformée à l'image du Fils unique du Père », si « cette vocation revêt une forme personnelle, puisque chacun est appelé à entrer dans la béatitude divine, elle concerne aussi l'ensemble de la communauté humaine » (1877).

Et, « par l'échange avec autrui, la réciprocité des services et le dialogue avec ses frères, l'homme développe ses virtualités ; il répond ainsi à sa vocation » (1879).

Ensemble vers le bonheur

L'homme vit en société, et « chacun doit le dévouement aux communautés dont il fait partie et aux autorités en charge du bien commun » (1881). Aussi, pour pallier les inconvénients d'une socialisation trop avancée, l'Église a élaboré le principe de *subsidiarité*, selon lequel « une société d'ordre supérieur ne doit pas intervenir dans la vie interne d'une société d'ordre inférieur en lui enlevant ses compétences, mais elle doit plutôt la soutenir en cas de nécessité et l'aider à coordonner son action avec celle des autres éléments qui composent la société, en vue du bien commun » (1883 – Citation de *Centesimus annus*, 48). C'est d'ailleurs ainsi que Dieu agit vis-à-vis de ses créatures. Les gouvernants de ce monde ont donc à « se comporter en ministres de la providence divine » (1884).

Pour que la société puisse contribuer à la réalisation de la vocation humaine dont elle est la servante, il faut établir une hiérarchie des valeurs qui soit juste, et qui « subordonne les dimensions physiques et instinctives aux dimensions intérieures et spirituelles » (citation de *Centesimus annus*, 36). Lorsque ce n'est pas le cas, lorsqu'il y a « inversion des fins et des moyens », et donc opposition de « structures injustes » (1887), « il faut alors faire appel aux capacités spirituelles et morales de la personne et à l'exigence permanente de sa conversion intérieure, afin d'obtenir des changements sociaux qui soient réellement à son service ». Ce qui n'empêche pas « l'obligation d'apporter aux institutions et aux conditions de vie, quand elles provoquent le péché, les assainissements convenables... » (1889). Dans la vie en société, donc, comme dans son existence personnelle, l'homme est appelé au bonheur, et à le réaliser lui-même, avec la force de Dieu, en s'engageant résolument sur « le chemin de la charité » (1889).

Quant à l'autorité, quelle qu'elle soit, elle « ne s'exerce légitimement que si elle recherche le bien commun du groupe considéré et si, pour l'atteindre, elle emploie des moyens moralement licites. S'il arrive aux dirigeants d'édicter des lois injustes ou de prendre des mesures contraires à l'ordre moral, ces dispositions ne sauraient obliger les consciences » (1903). Et le *Catéchisme*, à cet endroit, fait appel à l'autorité de *Pacem in terris* : « En pareil cas, l'autorité cesse d'être elle-même et dégénère en oppression » (n° 51).

Il convient de savoir à présent ce que notre texte entend dire quand il évoque le « bien commun ». Nous avons, au n° 1906, une définition de *Gaudium et Spes* (26, 1) : il s'agit de « l'ensemble des conditions sociales qui permettent, tant aux groupes qu'à chacun de leurs membres d'atteindre leur perfection, d'une façon plus totale et plus aisée ». Le bien commun requiert vigilance et prudence de la part de tous et de chacun, et singulièrement de la part de ceux qui détiennent l'autorité.

On peut y déceler trois éléments essentiels :
– tout d'abord, le *respect de la personne,* de ses droits fondamentaux et inaliénables. Chacun doit pouvoir réaliser sa vocation, exercer les « libertés naturelles qui sont indispensables à l'épanouissement de la vocation humaine » (1907) ;
– ensuite, *le bien-être social et le developpement du groupe.* C'est « le résumé de tous les devoirs sociaux ». Il s'agit de « rendre accessible à chacun ce dont il a besoin pour mener une vie vraiment humaine » (1908) ;
– enfin la paix, c'est-à-dire « la durée d'un ordre juste » (1909), ce qui implique le droit à la légitime défense personnelle et collective.

Cette explication aboutit à une autre citation de *Gaudium et Spes* (26, 3) : « L'ordre des choses doit être subordonné à l'ordre des personnes, et non l'inverse. » Le *Catéchisme* commente : « Cet ordre a pour base la vérité, il s'édifie dans la justice, il est vivifié par l'amour » (1912). Ce bien commun-là est fort proche du bonheur en commun.

À côté du bien commun, et formant comme une de ses composantes, nous pouvons situer la *justice sociale*, exigée par « le respect de la dignité transcendante de l'homme » (1929). Car « le respect de la personne humaine implique celui des droits qui découlent de sa dignité de créature. Ces droits sont antérieurs à la société et s'imposent à elle » (1930). Au départ de ce respect, on peut poser le principe : « Que chacun considère son prochain, sans aucune exception, comme un autre lui-même » (1931). Et « le devoir de se faire le prochain d'autrui et de le servir activement se fait plus pressant encore lorsque celui-ci est plus démuni, en quelque domaine que ce soit » (1932), que cet autre nous ressemble ou non. Ce devoir va jusqu'au pardon des offenses et au commandement de l'amour, même des ennemis.

La justice sociale nous engage à ce que tous les hommes, ayant même nature et même origine, sauvés par le même Christ, appelés à la même béatitude, jouissent d'une égale dignité, égalité qui « porte essentiellement sur leur dignité personnelle et les droits qui en découlent » (1935). Mais « les talents ne sont pas distribués également » (1936). Dieu veut donc « que chacun reçoive d'autrui ce dont il a besoin, et que ceux qui disposent de "talents" particuliers en communiquent les bienfaits à ceux qui en ont besoin » (1937). Quant aux *inégalités iniques* qui frappent des peuples entiers, le *Catéchisme* affirme qu'« elles sont en contradiction avec l'Évangile » (1938).

Les inégalités, iniques ou non, nous encouragent à la solidarité, qui « est une exigence directe de la fraternité humaine et chrétienne » (1939). Elle « se manifeste en premier lieu dans la répartition des biens et la rémunération du travail. Elle suppose aussi l'effort en faveur d'un ordre social plus juste » (1940). Toutes les formes de solidarité sont à déployer pour résoudre les problèmes socio-économiques, notamment la solidarité internationale, dont dépend en partie la paix du monde. En outre, toujours dans l'esprit du *Catéchisme*, il convient de ne pas oublier que « la vertu de solidarité va au-delà des biens matériels » (1942). La foi fait partie de ces biens-là : « Cherchez d'abord le Royaume et sa justice, et tout cela vous sera donné par surcroît » (Mt 6, 33).

Les sources du bonheur : l'homme blessé et le salut de Dieu

Les voies, les règles de conduite qui mènent vers la béatitude sont prescrites à l'homme par la loi morale, véritable « pédagogie de Dieu » (1950). Celle-ci est établie par la raison « comme une participation à la providence du Dieu vivant Créateur et Rédempteur de tous » (1951). Thomas d'Aquin la considère comme une « ordination de la raison »

(S. Th. 1-2, 20, 1). Ses expressions sont diverses mais coordonnées entre elles. Cette loi morale trouve sa plénitude et son unité dans le Christ, chemin de la perfection et fin de la loi (cf. 1953).

Il y a d'abord la *loi morale naturelle*, « qui permet à l'homme de discerner par la raison ce que sont le bien et le mal, la vérité et le mensonge » (1954). Elle est dite loi naturelle « parce que la raison qui l'édicte appartient en propre à la nature humaine » (1955). Elle est « universelle » et « immuable » : « les règles qui l'expriment demeurent substantiellement valables » (1958), inscrites dans le cœur de l'homme. Elle « fournit les fondements solides sur lesquels l'homme peut construire l'édifice des règles morales qui guideront ses choix » (1959) et ainsi elle « procure à la loi révélée et à la grâce une assise préparée par Dieu et accordée à l'œuvre de l'Esprit » (1960).

Vient ensuite la *loi ancienne*, premier état de la loi révélée : « Les préceptes du Décalogue posent les fondements de la vocation de l'homme, façonné à l'image de Dieu » (1962). Cette loi « sainte, spirituelle et bonne est encore imparfaite » (1963), certes, mais elle constitue une bonne « préparation à l'Évangile » (1964).

Quant à la *Loi nouvelle*, ou évangélique, elle « est la perfection ici-bas de la loi divine, naturelle et révélée. Elle est l'œuvre du Christ et s'exprime particulièrement dans le Sermon sur la Montagne. Elle est aussi l'œuvre de l'Esprit Saint et, par lui, elle devient la loi intérieure de la charité » (1965). Elle est « la grâce du Saint-Esprit donnée aux fidèles par la foi au Christ » (1966). Elle « accomplit les promesses divines en les élevant et les ordonnant au Royaume des Cieux »

(1967). Elle « accomplit les commandements de la loi » (1968). Elle « pratique les actes de religion (...) et sa prière est le Notre-Père » (1969). Elle se résume dans la *règle d'or* : « Tout ce que vous désirez que les autres fassent pour vous, faites-le vous-mêmes pour eux » (Mt 7, 22). Elle tient toute dans le *commandement nouveau* de Jésus de nous aimer les uns les autres comme il nous a aimés (cf. 1970). C'est une loi d'amour, une loi de grâce, une loi de liberté (cf. 1972), surtout si l'on y inclut les conseils évangéliques, qui « manifestent la plénitude vivante de la charité » (1974).

Outre la loi morale, il y a la *grâce*, qui nous justifie. La *justification* comporte la rémission des péchés, la sanctification et la rénovation de l'homme intérieur. Elle « nous a été méritée par la passion du Christ. Elle nous est accordée à travers le Baptême (...). Elle est l'œuvre la plus excellente de la miséricorde de Dieu » (2020). Et « la grâce est le secours que Dieu nous donne pour répondre à notre vocation de devenir ses fils adoptifs ». Ce faisant, « elle nous introduit dans l'intimité de la vie trinitaire » (2021). On peut dire, dès lors, que tout « le mérite de l'homme revient à Dieu » (2025). Grâce à lui, « la perfection chrétienne n'a qu'une limite, celle de n'en avoir aucune » (Grégoire de Nysse, v. Mos.).

Tous ces processus s'effectuent *en Église* : « L'agir chrétien trouve sa nourriture dans la liturgie et la célébration des sacrements » (2047). Même « les commandements de l'Église concernent la vie morale et chrétienne unie à la liturgie et se nourrissant d'elle » (2048).

Quant au « Magistère de l'Église, en matière morale, (il) s'exerce ordinairement dans la catéchèse et la prédication, sur la base du Décalogue » (2049). Le pape et les évêques, « en docteurs authentiques, prêchent au peuple de Dieu la foi qui doit être crue et appliquée dans les mœurs. Il leur appartient aussi de se prononcer sur les questions morales qui sont du ressort de la loi naturelle et de la raison » (2050), et « l'infaillibilité du Magistère des pasteurs s'étend à tous les éléments de doctrine, y compris morale, sans lesquels les vérités salutaires de la foi ne peuvent être gardées, exposées ou observées ».

Veritatis Splendor

Notre réflexion sur l'anthropologie développée par Vatican II dans *Gaudium et Spes* et le *Catéchisme de l'Église Catholique* trouve dans *Veritatis Splendor* son prolongement naturel et, pour ainsi dire, son couronnement. En effet, l'encyclique sur la morale est en grande partie une méditation sur l'homme devant Dieu.

Cela apparaît dès la première lecture dans la terminologie : les expressions « l'homme » et « les hommes » sont utilisées plus de trois cents fois (315 fois exactement), sans compter d'autres, telles que « la personne humaine » ou « l'être humain ». Ce petit détour par le vocabulaire nous laisse pressentir qu'avec ce texte, Jean-Paul II nous livre sa propre vision de l'homme. Cette vision rejoint largement, comme nous le verrons, celle de *Gaudium et Spes* et du *Catéchisme de l'Église catholique*, mais il y a déplacement de perspective, car ici, l'homme est considéré sous l'angle de sa vie morale. Ce point de départ particulier va permettre au pape de préciser, d'affiner son regard sur la personne humaine. C'est ce regard que je voudrais vous inviter à redécouvrir à présent.

L'homme concret

Ce qui frappe en effet le lecteur attentif et impartial, c'est la connaissance profonde de l'homme dont fait preuve Jean-Paul II dans *Veritatis Splendor*. Une connaissance qui repose certainement sur une forte proximité de cœur, de prière et de vie avec les hommes d'aujourd'hui. Entre les lignes de la lettre officielle aux évêques du monde, on sent battre le cœur du jeune Karol Wojtila confronté aux duretés du monde du travail, puis aux souffrances de la guerre, celui de l'évêque proche de ses diocésains, celui, enfin, du pasteur suprême de l'Église qui s'est fait la réputation – ô combien méritée – d'infatigable défenseur de la dignité humaine.

Bien que le texte de l'encyclique paraisse parfois difficile, surtout dans le deuxième chapitre, Jean-Paul II nous parle de l'homme avec des mots qui nous touchent, car loin d'en rester aux considérations théoriques, il nous parle de l'homme concret, tel qu'on le rencontre en chacun d'entre nous.

Cet homme concret, Jean-Paul II le décrit dès le premier paragraphe, situé dans sa tension entre la lumière de Dieu et les ténèbres du péché. Ce point est fondamental dans la pensée du pape, comme du reste dans celle de l'Église. Entre ceux qui, en cette fin du XXe siècle marquée par tant de guerres et de conflits, désespèrent de l'homme et ceux qui, à l'inverse, traînent avec nostalgie une vision irénique et rousseauiste d'un monde où chacun est « beau et gentil », *Veritatis Splendor* rappelle que l'homme est le reflet particulier de la splendeur de la vérité, car il est créé à l'image et à la ressemblance de Dieu. Mais cet homme n'en est pas moins marqué aussi par le péché, « à la suite du mystérieux péché originel, commis à l'instigation de Satan, menteur et père du mensonge » (V. S., n° 1). Et le pape ajoute cette parole pleine d'espérance qui est une clé de lecture de son anthropologie : « Les ténèbres de l'erreur et du péché ne peuvent supprimer totalement en l'homme la lumière du Dieu créateur » (n° 1).

Une des conséquences principales du péché, c'est qu'il a blessé la liberté de l'homme, et, ainsi blessé, l'homme se trouve handicapé pour répondre pleinement à sa vocation profonde et à l'appel de Dieu.

Aussi importe-t-il de tenir compte de sa blessure et de ses limites quand on lui propose le chemin exigeant de l'Évangile : « La présentation claire et vigoureuse de la vérité morale ne peut jamais faire abstraction du respect profond et sincère, inspiré par un amour patient et confiant, dont l'homme a toujours besoin au long de son cheminement souvent pénible, par des difficultés, des faiblesses et des situations douloureuses. L'Église (...) doit toujours être attentive à ne pas briser le roseau froissé et à ne pas éteindre la mèche qui fume encore » (n° 95).

Comme on est loin de ce discours soi-disant autoritaire et fermé que certains prétendent avoir perçu dans ce texte important. Il faut en admirer, au contraire, la délicatesse à l'égard de l'homme qui a parfois bien du mal à progresser sur la route où Dieu l'attend.

Blessé, l'homme a donc besoin d'être guéri. Il doit être sauvé : voilà un autre point fondamental de *Veritatis Splendor*. L'homme qui est au cœur de la réflexion de l'encyclique, c'est un être qui souffre d'un insupportable manque. Le péché l'a privé d'un élément essentiel : sa relation pleine avec Dieu. Le jeune homme riche venu à la rencontre du Christ, habité par le désir de la vie éternelle, en est un peu le symbole. Et chacun de nous, avec ses questions sans réponse, ses soifs toujours vives, ses insatisfactions et ses souffrances aussi, n'en est-il pas également l'image ?

Car c'est le Christ qui est le médecin de l'homme. C'est lui notre Sauveur. À toutes les questions qui nous habitent, à tous les manques qui nous font souffrir, c'est le Christ lui-même qui est la réponse : « L'homme qui veut se comprendre lui-même jusqu'au fond ne doit pas se contenter pour son être propre de critères et de mesures qui seraient immédiats, partiaux, souvent superficiels et même seulement apparents ; mais il doit, avec ses inquiétudes, ses incertitudes et même avec sa faiblesse et son péché, avec sa vie et sa mort, s'approcher du Christ. Il doit, pour ainsi dire, entrer dans le Christ avec tout son être, il doit "s'approprier" et assimiler toute la réalité de l'Incarnation et de la Rédemption pour se retrouver lui-même » (*Redemptor hominis*, n° 10, cité en V. S. n° 8).

Un dernier point essentiel de la pensée du pape, qui nous montre à quel point il est attaché, dans sa vision de la personne humaine, à l'homme concret, est l'importance du corps, défini comme une dimension inaliénable de la personne.

Alors que notre siècle finissant voit croître et se multiplier des courants spiritualistes dont le Nouvel Âge n'est pas le moindre et qui, dans une espèce de néo-platonisme mal assimilé, rejettent le corps et la dimension matérielle de l'homme, le pape, au contraire, insiste sur la dignité de la personne humaine, corps et âme : c'est dans l'unité de l'âme et du corps que la personne est le sujet de ses actes moraux. Et Jean-Paul II développe cette idée en ajoutant : « Une doctrine qui dissocie l'acte moral des dimensions corporelles de son existence est contraire aux enseignements de la Sainte Écriture et de la Tradition : une telle doctrine fait revivre, sous des formes nouvelles, certaines erreurs anciennes que l'Église a toujours combattues, car elles réduisent la personne humaine à une liberté "spirituelle" purement formelle. Cette réduction méconnaît la signification morale du corps et des comportements qui s'y rattachent (...). Le corps et l'âme sont indissociables : dans la personne, dans l'agent volontaire et dans l'acte délibéré, ils demeurent ou se perdent ensemble » (n° 49).

Tel est l'homme concret qui est proposé à notre réflexion comme sujet moral : un homme dans lequel chacun de nous peut se reconnaître, avec sa part de ténèbres et plus encore sa part de lumière, avec ses limites et ses blessures, mais aussi les moyens que Dieu donne pour guérir et permettre de progresser. Il me semblait important d'insister sur cet aspect concret, car, souvent, on reproche à l'Église, et singulièrement au pape, de s'adresser à un homme idéal et abstrait – comme si la morale chrétienne était réservée à des anges ou à des êtres désincarnés ! C'est tout le contraire. L'anthropologie chrétienne a toujours eu à cœur de prendre en compte l'homme tel qu'il est, et c'est bien ce qui apparaît dans *Véritatis Splendor.*

L'homme appelé à la vie

Cet homme concret n'est pas condamné à rester prisonnier de ses limites et de ses insuffisances, car Dieu a un grand projet sur l'homme.

La rencontre du jeune homme riche avec le Christ (cf. Mt 19, 16-21) donne au pape l'occasion de rappeler la véritable destinée de l'homme : celui-ci est fait pour Dieu. Ce rappel fait écho, d'ailleurs, à toute la tradition de l'Église qui, de siècle en siècle, ne cesse de redire à l'homme sa véritable vocation.

L'originalité de l'anthropologie chrétienne n'est-elle pas justement dans cette vision apparemment paradoxale de l'homme, appelé à s'élever au niveau de la vie divine, et cependant prisonnier de ses limites et de ses pesanteurs, à commencer par celle du péché ; mais la grâce de Dieu est offerte à tous ceux qui désirent répondre à l'appel du Christ qui invite l'homme à dépasser ses limites pour atteindre la perfection. Par perfection, il faut entendre le recouvrement de la ressemblance avec Dieu, que le péché avait abîmée en nous. Et c'est bien dans ce sens que Jean-Paul II utilise ce mot à plusieurs reprises.

Alors que nous nous sommes habitués, dans l'Église et dans le monde, à un discours éthique fait de compromis, de facilité et de tiédeur, qui flatte la médiocrité morale, Jean-Paul II n'a pas peur de parler de la perfection à laquelle Dieu veut nous voir tendre... et arriver !

Cette perfection est l'aboutissement de tout un cheminement, d'une progression : « Le dialogue entre Jésus et le jeune homme nous aide à saisir les conditions de la croissance morale de l'homme appelé à la perfection : le jeune homme, qui a observé tous les commandements, se montre incapable de faire par ses seules forces le pas suivant. Pour le faire, il faut une liberté humaine mûre : “Si tu veux”, et le don divin de la grâce : “Viens, suis-moi.” La perfection exige la maturité dans le don de soi, à quoi est appelée la liberté de l'homme » (n° 17).

Il faudrait citer presque entièrement les paragraphes 18 à 21 de l'encyclique, qui précisent le contenu de cette perfection. Ces pages sont habitées par un souffle spirituel exceptionnel. Je me contenterai de les résumer brièvement.

Le contenu de cette perfection consiste dans la *suite du Christ* (cf. n° 19), car c'est bien suivre le Christ qui est le « fondement essentiel et original de la morale chrétienne » (n° 19). Plus que d'écouter un enseignement ou de chercher à mettre en pratique des commandements, « il s'agit d'adhérer à la personne même de Jésus, de partager sa vie et sa destinée, de participer à son obéissance libre et amoureuse à la volonté du Père » (n° 19), et plus radicalement encore de « le suivre et de l'imiter sur le chemin de l'amour, d'un amour qui se donne totalement par amour pour Dieu » (n° 20).

Cette union au Christ est source de grâce, et en même temps but ultime de la vie de l'homme. Source de grâce d'abord, parce que, uni à Jésus, chaque homme s'ouvre au don de l'Esprit Saint que le Christ a promis de donner à tous ses disciples. But ultime de la vie aussi, parce que dans le Christ, chaque homme retrouve sa dignité originelle, mais plus encore, est élevé à la dignité nouvelle de fils adoptif de Dieu.

Comme on le perçoit bien ici, la vie morale chrétienne proposée à l'homme est bien plus qu'une affaire de préceptes et de règlements : elle ouvre à l'homme des horizons absolument inouïs, puisqu'il ne s'agit de rien d'autre que de participer, par pure grâce, à la vie divine !

Il faut insister sur la gratuité du don qui est offert à l'homme par Dieu. Cette participation à la vie divine est bien un effet de la grâce, puisque « l 'homme ne peut pas imiter et revivre l'amour du Christ par ses seules forces. Il devient capable de cet amour seulement en vertu d'un don de Dieu » (n° 22).

Le rôle de l'homme revient alors à accueillir, avec sa liberté, cette grâce qui lui est offerte. Jean-Paul II insiste beaucoup sur cette collaboration de la liberté humaine à l'initiative de Dieu. Pour des chrétiens avertis, cela peut paraître banal, mais c'est un rappel salutaire et peu courant dans un monde où l'on ne sait plus ce qu'est un don gratuit, parce qu'aujourd'hui, tout se paie, dans un monde où l'homme ne sait plus accueillir parce que, dès l'enfance, il a appris à revendiquer et à prendre de lui-même.

C'est donc à une véritable conversion que, l'homme contemporain est appelé ici, puisque l'amour et la vie selon l'Évangile « ne peuvent être vécus que comme le fruit d'un don de Dieu qui guérit et transforme le cœur de l'homme par la grâce » (n° 23).

L'homme rendu libre par la vérité

En abordant à présent la question de la liberté de l'homme, en particulier dans son rapport à la Loi de Dieu et à la vérité, j'en arrive au cœur de l'encyclique *Veritatis Splendor.*

L'homme a été créé libre par Dieu, et il est appelé à vivre et à grandir dans cette liberté qui lui a été donnée, malgré le péché. Car ce qui menace le plus la liberté de l'homme, ce n'est pas la loi de Dieu, c'est le péché.

Dans la mesure où Dieu, dans sa bonté, garantit la liberté de l'homme, plus l'homme sera uni à Dieu, plus sa liberté sera préservée. Cette union à Dieu s'exprime en terme de soumission, car Dieu est le Créateur et l'homme est sa créature. Il s'agit bien sûr d'une soumission vécue dans la liberté de l'amour, ce qui signifie, en définitive, que plus l'homme est soumis à la volonté de Dieu, plus il devient libre. Ce paradoxe, difficile à comprendre par nos contemporains, est au cœur de la vision de l'homme chez Jean-Paul II :

« La liberté de l'homme et la loi de Dieu se rejoignent et sont appelées à s'interpénétrer, c'est-à-dire qu'il s'agit de l'obéissance libre de l'homme à Dieu et de la bienveillance gratuite de Dieu envers l'homme. Par conséquent, l'obéissance à Dieu n'est pas, comme le croient certains, une hétéronomie, comme si la vie morale était soumise à la volonté d'une toute-puissance absolue, extérieure à l'homme et contraire à l'affirmation de sa liberté. En réalité, si l'hétéronomie de la morale signifiait la négation de l'auto-détermination de l'homme ou l'imposition de normes extérieures à son bien, elle serait en contradiction avec la révélation de l'Alliance et de l'Incarnation rédemptrice. Cette hétéronomie ne serait qu'une forme d'aliénation, contraire à la Sagesse divine et à la dignité de la personne humaine » (n° 41).

Cette longue citation de Jean-Paul II nous éclaire beaucoup sur le rapport entre la liberté de l'homme et la Loi de Dieu. Parce que la Loi de Dieu correspond exactement à ce que Dieu veut accomplir en l'homme sa créature, et parce que cette loi exprime la véritable identité de la personne humaine, le rapport de la liberté humaine à la loi divine est un rapport intérieur, celui d'une connivence profonde qui permet à l'homme de s'épanouir en plénitude et en vérité.

L'obéissance à la Loi divine ne supprime donc pas la liberté de l'homme : elle la fait demeurer dans la vérité et la conforme à la dignité de l'homme.

En dernier ressort, le problème fondamental est celui du rapport entre la liberté et la vérité (cf. n° 84), puisque c'est « la vérité qui éclaire l'intelligence et donne sa forme à la liberté de l'homme » (Introduction).

Le pape cite un extrait de son discours aux participants du Congrès international de théologie morale, le 10 avril 1986, et déclare que, selon la foi chrétienne et la doctrine de l'Église, « seule la liberté qui se soumet à la vérité conduit la personne humaine au vrai bien. Le bien de la personne est d'être dans la vérité et de faire la vérité » (n° 84). La Vérité, avec un V majuscule, dont il est question ici, n'est autre que le Christ, Parole de Dieu, Verbe incarné, qui nous révèle le Père, mais nous révèle aussi la véritable identité de l'homme, appelé par grâce à devenir enfant de Dieu.

La véritable liberté vise le plein épanouissement de l'être. Aussi toute liberté qui enferme l'homme dans une réduction de ce qu'il est en réalité n'est-elle pas une vraie liberté. Tandis que la vraie destinée de l'homme est de s'épanouir comme enfant de Dieu, et la vérité sur l'homme est là : dans ce rapport à Dieu exprimé par les mots de Père et de fils. C'est pourquoi l'homme devient vraiment libre dans la mesure où il entre dans la plénitude de son être de fils de Dieu, à la suite du Christ.

Car, une fois de plus, c'est bien le Christ qui est la réponse au problème de la liberté de l'homme : « Comme le jeune homme de l'Évangile, l'Église tourne chaque jour son regard vers le Christ avec un amour inlassable, pleinement consciente que la réponse définitive et véritable au problème moral ne se trouve qu'en lui. En particulier, c'est en Jésus crucifié qu'elle trouve la réponse à la question qui tourmente tant d'hommes d'aujourd'hui : comment l'obéissance aux normes morales universelles et immuables peut-elle respecter le caractère unique et irremplaçable de la personne, et ne pas attenter à sa liberté et à sa dignité ? (...). Le Christ crucifié révèle le sens authentique de la liberté, il le vit en plénitude par le don total de lui-même, et il appelle ses disciples à participer à sa liberté même » (n° 85).

Pour conclure, je voudrais simplement relever la profonde unité qui s'exprime dans l'anthropologie développée par *Gaudium et Spes*, le *Catéchisme de l'Église catholique*, et l'encyclique *Veritatis Splendor*. Nous retrouvons dans ces trois documents importants la même vision de l'homme, qui est une vision pleine d'espérance !

L'homme a été profondément blessé par le péché et sa relation vitale avec Dieu, Source de la Vie, en a été altérée. Mais à cet homme blessé, Dieu offre la guérison en son Fils Jésus-Christ : c'est le mystère du salut qui éclaire la vision de l'homme. En dehors de cette lumière, la personne humaine reste livrée à l'incompréhensible et à l'absurde.

Puissent les chrétiens se nourrir toujours plus de cette doctrine du salut pour rendre témoignage à la dignité de l'homme et à la bonté de Dieu.

Vérité et liberté
« Responsabilité éducative et responsabilité sociale »

Mgr Claude DAGENS
Évêque d'Angoulême

Comme évêque, appelé à rencontrer de nombreux jeunes, en de multiples circonstances, et aussi des adultes affrontés à leurs responsabilités, je suis témoin de cet état d'incertitude morale, de crise, si vous voulez, qui marque notre culture et notre société.

Crise morale ? Certainement, à cause de ce brouillage des repères qui est comme l'air que l'on respire. Et tous les éducateurs savent que, derrière ce brouillage des repères, il y a des brisures et des blessures, qui laissent des traces durables, dans les consciences et dans les cœurs.

Mais, comme en deçà de la crise morale, il y a certainement une crise humaine, anthropologique, qui porte précisément sur la vérité de l'être humain et sur ses raisons d'avoir confiance en sa propre liberté. C'est cet élément-là qui me semble le plus préoccupant : ce doute profond, cette défiance que des jeunes et des adultes éprouvent à l'égard de leur propre liberté, comme s'ils se jugeaient définitivement conditionnés. Et cette conscience des conditionnements va de pair avec des illusions formidables sur la liberté, réduite à la capacité de faire ce qui plaît pour combler le vide et l'ennui.

Pour être à la fois honnêtes et réalistes, mieux vaut reconnaître que cette crise morale et anthropologique n'affecte pas seulement la tradition chrétienne. Elle affecte globalement la transmission des valeurs, et donc également la transmission des valeurs véhiculées par la morale laïque.

La guerre ou la rivalité des deux France, celle des instituteurs et celle des curés, est en train d'être radicalement dépassée, sur ce terrain de la morale. Car, par-delà les conflits apparents et réels d'hommes et d'institutions, il existait sans doute une connivence profonde par rapport à ce fonds commun de convictions morales fondamentales qui s'inspiraient à la fois de Kant et de la tradition judéo-chrétienne.

Le défi actuel nous est commun : il s'agit de remettre en relief et en valeur les fondements mêmes de la morale, de façon à construire et parfois à redresser des libertés humaines qui doutent d'elles-mêmes.

Mais, paradoxalement, en raison même de la crise qui nous bouscule tous, il me semble que nous sommes aujourd'hui plus libres, comme chrétiens, pour aller à la source de notre tradition, et pour répondre ainsi à cette demande de repères moraux qui est comme l'envers de la crise.

C'est pourquoi l'encyclique de Jean-Paul II a souvent été reçue, au-delà de l'Église, comme une réponse à ces questions graves qui montent de nos sociétés modernes : « Que voulons-nous vraiment pour notre société en crise de ses finalités ? Et comment voulons-nous y affirmer et y manifester la vérité et la dignité de l'homme comme une valeur inconditionnelle ? »

En raison de ces questions graves, que beaucoup perçoivent et qui résonnent comme un défi, il me semble indispensable de faire un bon usage de l'encyclique *Veritatis Splendor.* La parole du pape est exigeante : elle est un appel à la responsabilité, précisément quand il s'agit de montrer que la liberté humaine se décompose elle-même lorsqu'elle ne perçoit plus et ne pratique plus son rapport à la vérité.

Je conçois donc mon intervention comme un encouragement à la responsabilité sur la base de cette encyclique que je vais parcourir de façon quelque peu sinueuse, à un double niveau : celui de la responsabilité proprement éducative, en essayant de montrer comment il est possible d'éveiller une liberté personnelle au sens et à la pratique de la vérité ; celui de la responsabilité sociale, en cherchant à expliquer comment le combat pour la vérité de l'homme contribue à libérer en profondeur nos sociétés incertaines.

Les perceptions ambivalentes de la liberté

Je voudrais traduire en termes de pratique éducative ce que l'encyclique affirme ou critique en termes de théologie morale. À la racine de tout, il y a l'expérience terriblement ambivalente de la liberté, qui fait partie intégrante de la culture moderne, et que l'encyclique évoque au début de la seconde partie, la partie la plus critique.

L'homme moderne oscille entre deux extrêmes : l'exaltation d'une liberté sans limites et la conscience des conditionnements qui entravent l'exercice de cette liberté. D'un côté, le rêve ou le désir d'une autonomie absolue, comme si la liberté était par elle-même créatrice de valeurs, de l'autre la mise en question radicale de la liberté, qui serait toujours déterminée de l'intérieur ou de l'extérieur par des facteurs psychologiques ou sociaux (§ 32-33).

Et l'encyclique souligne que, dans ces deux conceptions, la liberté se trouve comme déliée de son rapport à la vérité, puisque, dans le premier cas, elle prétend l'engendrer par elle-même, tandis que, dans l'autre, elle est structurellement incapable de l'atteindre.

On pourrait montrer sans peine que cette analyse théorique est confirmée par l'expérience pratique, avec une nuance capitale : les mêmes personnes sont capables de se comporter selon ces deux orientations apparemment contradictoires, c'est-à-dire d'user d'une liberté sans borne et d'avoir, en même temps, une vive conscience de ce qui les conditionne.

On peut vivre ainsi sous le signe de l'éclatement intérieur. C'est d'ailleurs à ce terme que des jeunes ont recours pour désigner certains exploits sexuels ou sportifs, sans parler de l'évasion de la drogue. L'expression triviale « je me suis éclaté » évoque justement cette espèce de désintégration de l'unité personnelle, comme si la responsabilité morale était évacuée, quand le corps se laisse aller au-delà des limites physiques et des interdits, et devient comme extérieur à la personne.

Il n'y a plus seulement dérive de la liberté. Il y a l'idée explicite d'une sorte d'antagonisme radical entre la liberté et la nature, conçue comme l'ensemble des éléments biologiques ou sociaux, qui s'offrent à toutes les manipulations de la liberté. Au § 46, l'encyclique analyse avec beaucoup de finesse ces conflits entre la liberté et la nature, qui aboutissent à l'éclatement de l'être humain. C'est dans cette perspective que s'inscrit une sorte de réhabilitation du corps humain qui ne peut jamais être traité comme un matériau, ni comme un instrument, parce qu'il appartient à l'unité de la personne, et dans cette unité, « le corps et l'âme sont indissociables [...] ils demeurent ou se perdent ensemble » (§ 49).

On devine combien ces réflexions se vérifient dans de multiples domaines, de celui de la vie sexuelle à celui des techniques biomédicales. Et l'on aura intérêt, à cet égard, à relire les analyses de Claude Bruaire, dans son précieux petit livre *Une Éthique pour la médecine* (Fayard, 1978), quand il mettait en relief cette disjonction radicale entre l'ordre du donné biologique, disponible pour diverses manipulations, et l'ordre des libertés, où l'on rêve d'une maîtrise absolue de ce donné. Voilà en tout cas un philosophe qui n'aurait pas été surpris par la parole exigeante de Jean-Paul II.

Une vision chrétienne de la liberté humaine

Mais la parole du pape n'est pas seulement exigeante. Elle est aussi réaliste, en particulier quand elle esquisse à grands traits une vision chrétienne de la liberté humaine.

Premier élément de cette vision : le refus de toute illusion au sujet des capacités de notre liberté. Car notre liberté d'homme est à la fois finie et faillible. Et la grande tradition chrétienne, celle qui va de saint Paul et saint Augustin à Paul Ricœur, ne fait qu'expliciter notre expérience même quand nous n'accomplissons pas le bien que nous voudrions et que nous accomplissons le mal que nous ne voudrions pas. « L'homme découvre que sa liberté est mystérieusement portée à trahir son ouverture au Vrai et au Bien et que, trop souvent, il préfère choisir des biens finis et limités [...]. La liberté a donc besoin d'être libérée [...] » (§ 86).

Mais cet aveu d'une faille intérieure à la liberté n'exclut pas – c'est le second élément – une confiance réelle dans le pouvoir de la liberté. On trouve même une sorte d'éthique de la construction de soi à travers ces pages, notamment quand le pape présente la structure de l'agir moral en citant Grégoire de Nysse qui écrit : « Nous sommes, en un sens, nos propres parents, nous créant nous-mêmes tels que nous voulons être et, par notre volonté, nous façonnant selon le modèle que nous choisissons » (§ 71). Et ailleurs, le texte précise : « Ce n'est pas seulement le monde, mais aussi l'homme lui-même qui a été confié à ses propres soins et à sa propre responsabilité [...] de sorte que l'homme confirme, développe et consolide en lui-même sa ressemblance avec Dieu en accomplissant des actes moralement bons » (§ 39).

C'est toute une conception de l'existence humaine qui est ici en jeu. Parce que l'être humain non seulement est le sujet de l'agir moral, mais qu'il se trouve façonné, construit ou déformé, par les actes qu'il pose, selon que ces actes sont ou ne sont pas conformes au bien de la personne, à la vérité de l'homme.

Et c'est pourquoi la liberté de l'homme ne peut pas en rester au seul niveau d'une option fondamentale. Elle s'exerce à travers des actes concrets et, parmi ces actes, il en est qui sont mauvais en eux-mêmes, et le concile Vatican II, repris par *Veritatis Splendor,* a précisé : « Ces actes sont ceux qui s'opposent à la vie humaine, ceux qui abîment ou détruisent la dignité de la personne humaine, de la torture aux conditions de travail dégradantes, en passant par le génocide, l'avortement, l'euthanasie » (§ 80).

Autrement dit, la liberté n'est pas un absolu : sa noblesse, c'est de servir la vérité de l'homme qui, elle, est un absolu. Ce rapport à la vérité de l'homme peut paraître intransigeant : mais c'est lui qui garantit, en toutes circonstances, le respect de tous les droits de tout être humain. Une telle théologie morale a évidemment une dimension universelle : « Que l'on soit le maître du monde ou le dernier des misérables sur la face de la terre, cela ne fait aucune différence : devant les exigences morales, nous sommes tous absolument égaux » (§ 96). Là se trouve la source de la pensée chrétienne au sujet des droits de l'homme, de tout homme, absolument.

Il est une troisième instance qui caractérise cette vision chrétienne de la liberté : c'est son rapport à la Loi, et spécialement à ce que l'on appelle la Loi naturelle.

On ne peut pas ignorer que l'on se trouve ici face à un soupçon profond et très répandu, y compris chez des croyants. En obéissant à la Loi de Dieu, ne va-t-on pas perdre son autonomie ? Comment peut-on rester libre si l'on est déterminé de l'extérieur ?

Il faut donc lire ces pages lorsqu'elles tentent d'expliquer, à la suite de saint Thomas d'Aquin, que la Loi naturelle n'est pas du tout comparable aux lois physiques, mais qu'elle est comme une lumière, la lumière de la raison, inscrite en nous pour éclairer notre liberté.

Et surtout, il faut méditer les grandes affirmations, traditionnelles, mais terriblement méconnues, au sujet de la Loi nouvelle, qui est le don même de l'Esprit Saint, « qui, habitant dans l'âme, non seulement enseigne ce qu'il faut faire en éclairant l'intelligence sur les actes à accomplir, mais encore incline à agir avec rectitude... » (§ 45) et qui, en dernière instance, n'est rien d'autre que la foi opérant par la charité.

On est parti de la Loi, et on aboutit à la charité. C'est peut-être ce chemin-là qu'une éducation morale chrétienne est appelée aujourd'hui à retracer à frais nouveaux : en montrant d'abord qu'il y a une intériorité de la Loi de Dieu, inscrite dans la conscience humaine, et surtout une intériorité de l'Esprit du Christ qui vient libérer notre liberté d'homme, naturellement imparfaite, blessée, parfois paralysée. Ensuite, à partir de cette intériorité de la Loi, il sera plus facile de manifester que ce qui aimante la liberté, c'est l'amour, l'amour de Dieu et l'amour des autres. Car « la liberté authentique se manifeste et vit par le don de soi » (§ 89), à la suite du Christ.

Il y a là tout un programme à la fois de théologie morale et de vie chrétienne : le réalisme de la Loi conduit au réalisme de l'Amour reçu et donné.

Une vérité à vivre

Nous sommes là au point focal de l'encyclique : dans la relation vivante et vécue entre la liberté et la vérité.

Car la vérité chrétienne ne s'adresse pas seulement à l'intelligence, mais tout autant à la liberté. Il s'agit d'une vérité qui est à la fois à connaître et à vivre. Et Jean-Paul II souligne avec force : « Il faut restaurer et présenter à nouveau le vrai visage de la foi chrétienne qui n'est pas seulement un ensemble de propositions à accueillir et à ratifier par l'intelligence. Au contraire, c'est une connaissance et une expérience du Christ, une mémoire vivante de ses commandements, une vérité à vivre » (§ 88).

Affirmer cela, c'est du même coup, souligner un danger grave : celui d'une dissociation entre la foi et la morale. D'un côté, une foi réduite à une expérience intérieure, indicible, et sans prise sur le réel de la vie et de la société. De l'autre, un agir humain soumis aux lois de ce monde, et sans rapport avec la Loi du Seigneur.

Ce danger n'est pas nouveau. Dès les débuts du christianisme, l'apôtre Jean appelle les baptisés à « marcher dans la vérité ». Tout disciple de Jésus est appelé à mettre sa vie en accord avec sa foi. Et l'évangéliste insiste : « Celui qui dit "je le connais", alors qu'il ne garde pas ses commandements, est un menteur, et la vérité n'est pas en lui » (1 Jn 2, 4).

C'est la même passion de la foi à vivre qui inspire la parole de Jean-Paul II : le pape n'hésite pas à dénoncer, à critiquer, à fustiger les croyants qui modèleraient leurs mœurs sur le monde présent. Mais, en même temps, il appelle au courage de cette vérité à vivre, parfois à contre-courant de la culture dominante.

Et s'il place le renouveau moral au cœur de la nouvelle évangélisation, c'est simplement parce qu'il sait que les chrétiens, aujourd'hui comme aux débuts de l'Église, évangélisent par leur façon de vivre et d'aimer, autant que par les affirmations de leur foi. Ou, plus exactement, l'affirmation de la foi passe par la vie, par des choix de vie, par des acceptations ou des refus. Cela peut aller jusqu'au martyre, ou du moins jusqu'au sacrifice de soi, mis en œuvre par des hommes et des femmes qui suivent le Christ jusqu'au bout.

C'est ainsi que la « splendeur de la vérité » prend visage humain : « elle resplendit en de nombreux membres du peuple de Dieu, humbles et souvent cachés aux yeux des hommes » (§ 107). Chacun de nous, dans le secret de son cœur, peut certainement nommer quelques-uns de ces témoins vivants de la vérité de Dieu et de l'homme.

Mais ce courage de la vérité vécue et témoignée, s'il se manifeste par des actes et des choix, s'enracine dans l'intimité de l'homme. C'est la conscience de l'homme qui est le haut lieu de son ouverture à la Loi du Christ et à sa vérité.

On a souvent retenu de cette encyclique la critique adressée à l'autonomie séparée de la conscience qui se donnerait à elle-même sa propre loi.

Il me semble que l'on n'a pas assez retenu les passages dans lesquels Jean-Paul Il évoque le travail intérieur de la conscience, notamment aux § 57 et 58.

Il y a là toute une conception de la conscience présentée non pas comme un oracle, mais comme le haut lieu d'un double dialogue : d'un dialogue de l'homme avec lui-même, puisque la conscience est le témoin privilégié de l'intimité de l'homme, mais aussi d'un dialogue avec Dieu. « C'est là et nulle part ailleurs, insiste le pape, que résident tout le mystère et la dignité de la conscience morale, dans l'existence, c'est-à-dire le lieu, l'espace sacré où Dieu parle à l'homme » (§ 58).

La conscience n'enferme donc pas l'homme en lui-même. Au contraire : elle l'ouvre à l'appel de Dieu, et c'est la réponse de l'homme à cet appel qui anime et oriente sa liberté.

Je suis convaincu que nous avons encore beaucoup à faire pour fonder la morale chrétienne sur cette relation intime entre le Dieu vivant qui parle à l'homme, qui l'invite à « faire la vérité », et l'homme appelé à lui répondre, dans la liberté de sa foi.

Pour susciter une telle éducation, on pourra se référer à deux hommes de l'Évangile. Le pape les évoque à la fin de la troisième partie. Ce sont le publicain et le pharisien de la parabole.

Le premier crie vers Dieu : « Mon Dieu, aie pitié du pécheur que je suis » (Lc 18, 13). Le second se justifie lui-même, en étalant ses actes vertueux.

Il est possible que nous portions en nous ces deux hommes de l'Évangile et ces deux orientations de la conscience morale : d'un côté, comme l'explique l'encyclique, la conscience « pharisaïque », qui ajuste les normes morales à ses intérêts, en tous domaines, de l'autre, la conscience réaliste, qui reconnaît ses fautes et s'ouvre au pardon de Dieu (§ 104).

En tout cas, nous savons ce qui rend l'homme libre en profondeur : c'est de se reconnaître fini et faillible, et de recevoir dès lors la force que Dieu donne pour « marcher dans la vérité », et cette Vérité-là est celle de l'Amour de Dieu qui va jusqu'au pardon de l'homme. La morale de la liberté s'achève par la miséricorde de Dieu, qui répond à l'aveu de la misère de l'homme.

De l'humilité en politique

La théologie morale ne concerne pas seulement l'intimité de la conscience. Elle vaut aussi pour la vie sociale. Et c'est peut-être une des principales nouveautés de cette encyclique que de montrer pourquoi et comment les exigences morales s'appliquent aussi au domaine vaste et complexe des responsabilités politiques et économiques.

C'est pourquoi je parlerai maintenant du rapport à la Vérité comme d'une responsabilité sociale qui vaut pour tous, et pas seulement pour les chrétiens. J'en parlerai en prononçant un mot qui peut surprendre ici : c'est le mot d'humilité. Ce mot peut évidemment évoquer le publicain de l'Évangile. Mais ce mot a été récemment employé par un homme politique, un homme d'État, ami de Jean-Paul II, bien qu'il ne se déclare pas explicitement catholique.

Cet homme a été un combattant de la Vérité et il est aujourd'hui président de la République Tchèque. Vaclav Havel, reçu à l'Institut de France le 27 octobre 1992, y a proposé une magnifique méditation sur la morale politique, qui est enracinée dans son expérience de dissident, mais qui vaut sans doute pour toute action politique.

Il y fait l'éloge de la patience, ou plus exactement de cette patience active, de cette attente qui ne fait pas violence au cours des choses, et il explique : « L'homme politique d'aujourd'hui et de demain doit apprendre à attendre, dans le meilleur et dans le plus profond sens du mot. Il ne s'agit plus d'attendre Godot. Cette attente doit traduire un certain respect pour le mouvement intrinsèque et le déroulement de l'Être, [...] cette attente doit s'appuyer sur la volonté de donner à tout phénomène la liberté de révéler son propre fondement, sa vraie substance. Ce comportement de l'homme politique post-moderne ne doit pas procéder d'une analyse impersonnelle, mais d'une vision personnelle.

Au lieu de se fonder sur l'orgueil, il doit se nourrir d'humilité. »

C'est sur ce terrain-là, celui d'une sagesse qui permet de prendre du recul, sous le signe de l'humilité, que se situe aussi la réflexion de Jean-Paul II. Inutile d'y chercher des recettes pour surmonter la crise économique actuelle. Mais libre à chacun d'y chercher un encouragement pour son action, pour l'exercice de ses responsabilités, et pour que cette action et ces responsabilités ne soient pas seulement commandées par des intérêts immédiats, mais par ce souci du Vrai qui exige aussi du courage.

Contre le totalitarisme et le relativisme

Jean-Paul II sait de quoi il parle quand il parle du totalitarisme. Et comme il l'avait déjà fait dans l'encyclique *Centesimus Annus,* en 1991, il revient ici sur la genèse morale du totalitarisme. Le plus évident est sans doute le déni de la liberté et des libertés qu'imposent lourdement les systèmes totalitaires.

Mais, en deçà de cette violation des libertés, le pape démasque une racine encore plus profonde : la négation de la vérité de l'homme. « Le totalitarisme naît de la négation de la vérité au sens objectif du terme : s'il n'existe pas de vérité transcendante [...] il n'existe aucun principe sûr pour garantir des rapports justes entre les hommes. Leurs intérêts de classe, de groupe ou de nation les opposent inévitablement les uns aux autres [...]. Il faut donc situer la racine du totalitarisme moderne dans la négation de la dignité transcendante de la personne humaine [...] » (§ 99, qui reprend *Centesimus Annus* § 44). Tous les dissidents du système communiste, croyants ou agnostiques, de Vaclav Havel à Sakharov, partagent certainement ce diagnostic du pape : le phénomène totalitaire, avec sa barbarie, a des racines morales.

Mais l'Occident libéral aurait tort de triompher trop facilement. Et Jean-Paul II nous le rappelle avec sa vigueur habituelle : ce qui menace nos sociétés démocratiques, ce sont d'autres formes de mépris de la personne humaine. C'est ce qu'il appelle le relativisme éthique : « Dans de nombreux pays, après la chute des idéologies qui liaient la politique à une conception totalitaire du monde, un risque non moins grave apparaît aujourd'hui à cause de la négation des droits fondamentaux de la personne humaine et à cause de l'absorption dans le cadre politique de l'aspiration religieuse qui réside dans le cœur de tout être humain : c'est le risque de l'alliance entre la démocratie et le relativisme éthique qui retire à la convivialité civile toute référence sûre et le prive, plus radicalement, de l'acceptation de la vérité » (§ 101).

Pour le dire en d'autres termes, c'est le risque de traiter la personne humaine comme un objet, manipulable en fonction des lois du marché ou de la technique. C'est le risque de ce que le pape lui-même a appelé, dans une interview à plusieurs journaux européens, le « capitalisme sauvage », qui n'obéit à aucune loi morale et qui considère même la morale comme une menace pour le progrès.

Le combat pour la dignité de l'homme

Mais il ne faut pas s'y tromper : l'encyclique ne cherche pas à donner des leçons. À plusieurs reprises, le pape souligne la complexité des problèmes actuels de société et l'ampleur de l'effort à accomplir pour servir la justice, la solidarité, l'honnêteté et la transparence. Son souci primordial est de permettre une prise de conscience commune, qui ne se situe pas au niveau des moyens, mais au niveau des fins ou des motivations. Et c'est sans doute notre responsabilité d'évêques d'expliquer et d'actualiser cette intention fondamentale, dans les contextes divers où nous sommes placés.

À la base de tout cela, il y a un engagement clair et même intransigeant. « La fermeté de l'Église dans sa défense des normes morales universelles et immuables n'a rien d'humiliant. Elle ne fait que servir la vraie liberté de l'homme : du moment qu'il n'y a de liberté ni en dehors de la verité, ni contre elle, on doit considérer que la défense catégorique, c'est-à-dire sans édulcoration et sans compromis, des exigences de la dignité personnelle de l'homme [...] est la condition et le moyen pour que la liberté existe » (§ 96). Et le pape insiste encore : « Au-delà des intentions, parfois bonnes, et des circonstances, souvent difficiles, les autorités civiles et les particuliers ne sont jamais autorisés à transgresser les droits fondamentaux et inaliénables de la personne humaine » (§ 97).

Et cet engagement général va être explicité ensuite dans deux domaines précis : le domaine de la vie économique et le domaine des responsabilités politiques.

Pour ce qui est de la vie économique, l'encyclique ne reste pas dans le vague. Reprenant le texte du *Catéchisme de l'Église catholique,* elle nomme clairement des actes qui lèsent la dignité humaine, à la fois chez ceux qui en sont victimes et chez ceux qui les pratiquent. La liste est longue : je retiens notamment « la fraude dans le commerce, les salaires injustes, la hausse des prix en spéculant sur l'ignorance ou la détresse d'autrui, l'appropriation et l'usage privé des biens sociaux d'une entreprise, la contrefaçon des chèques et des factures... » (§ 100).

Au-delà de l'énumération de ces actes, ce qui est mis en relief et dénoncé avec force, ce sont des pratiques économiques « qui conduisent à asservir des êtres humains, à méconnaître leur dignité personnelle, à les acheter, à les vendre et à les échanger comme des marchandises. C'est un péché contre la dignité des personnes et leurs droits fondamentaux que de les réduire par la violence à une valeur d'usage ou à une source de profit » (§ 100).

Du domaine économique, l'encyclique passe au domaine politique, avec la même orientation et avec une précision analogue. « Dans le domaine politique, on doit observer que la vérité dans les rapports entre gouvernés et gouvernants, la transparence dans l'administration publique, l'impartialité dans le service public, [...] l'usage juste et honnête des fonds publics, le refus de moyens équivoques ou illicites pour conquérir, conserver ou accroître à tout prix son pouvoir, sont des principes qui ont leur première racine [...] dans la valeur transcendante de la personne et dans les exigences morales objectives du fonctionnement des États » (§ 101).

L'engagement de l'église

Là encore, on voit nettement où se situe l'engagement de l'Église : dans le souci et le projet de contribuer à cette formation d'une conscience sociale, qui est aujourd'hui attendue et demandée dans notre société, en raison même des fragilités et des précarités nombreuses et graves qui affectent cette société.

Je ne suis ni un économiste, ni un responsable politique. Je suis un citoyen, un homme libre, un croyant et un évêque. Et plus encore depuis que je suis devenu évêque, je suis conscient de ces défis sociaux et moraux auxquels nous sommes affrontés.

Je les perçois davantage dans le monde rural que je parcours et dont je mesure la détresse profonde, à cause des métamorphoses accélérées qu'il subit et qu'il voudrait maîtriser. Et j'entends, à travers les inquiétudes de ce monde rural en crise, des questions graves qui concernent l'ensemble de notre société : « Où allons-nous ? Que voulons-nous exactement pour notre société ? Au nom de quoi vouloir et servir la justice et la solidarité ? Sur quoi s'appuyer pour affirmer et pour défendre concrètement, activement, cette dignité de l'homme qui est aujourd'hui en question ? »

Je suis un évêque parmi d'autres, lié au peuple de Dieu qui m'a été confié. Et j'ai un souci et un souhait à vous confier : comme chrétiens, membres du corps du Christ, chacun à notre place, et avec notre part de responsabilités, nous avons une double mission à exercer, à la lumière de *Veritatis Splendor.*

Notre mission

D'abord, nous devons manifester largement ce qui est le projet, l'intention, l'inspiration fondamentale de cette encyclique. C'est une inspiration qui vaut pour tous. Fonder la morale est une responsabilité pour tous, croyants et incroyants. Affirmer et défendre la vérité de l'homme n'est pas réservé aux chrétiens. Et le pape le dit fortement au § 94 : « Dans ce témoignage rendu au caractère absolu du bien moral, les chrétiens ne sont pas seuls : ils se trouvent confirmés par le sens moral des peuples et par les grandes traditions religieuses et sapientiales de l'Occident et de l'Orient, non sans une action intérieure et mystérieuse de l'Esprit de Dieu. »

Il nous appartient donc de ne pas faire un usage partisan et partial de cette encyclique, mais de la proposer à tous comme un ensemble de réflexions fondamentales qui concernent l'existence morale de tout être humain.

Dire cela, c'est montrer simplement que le christianisme est constitutivement ouvert à tous et que si notre Église est catholique, c'est parce qu'elle se veut ouverte à la totalité de l'humain, et qu'elle croit, contre vents et marées, que la moralité concerne l'homme dans sa complexité humaine, corps et âme, sexualité et affectivité, relations personnelles et relations sociales.

Ensuite, et du même mouvement, nous sommes appelés, en tant que baptisés, à aller à la source de cette liberté et de cette vérité que nous avons à vivre et à servir. Cette source, c'est Jésus Christ, le Seigneur, lui qui se propose à tous comme « le Chemin, la Vérité et la Vie », et « qui révèle, par sa vie même et non seulement par ses paroles, que la liberté s'accomplit dans l'amour, c'est-à-dire dans le don de soi » (§ 87).

On ne peut pas oublier que cette encyclique commence par une longue méditation du dialogue entre Jésus et le jeune homme riche. Un dialogue ouvert par une question du jeune homme : « Que dois-je faire ? », et conclu par un appel à la liberté : « Si tu veux... »

Nous allons au Christ avec nos questions, et lui, qui est la vérité vivante, nous donne la force et la joie de « marcher dans la vérité ».

C'est cette certitude belle et simple que Jean-Paul II souligne pour finir : « Voilà la certitude réconfortante de la foi chrétienne, qui lui vaut d'être profondément humaine et d'une extraordinaire simplicité. Parfois, dans les décisions sur les problèmes nouveaux et complexes en matière morale, il peut sembler que la morale chrétienne soit en elle-même trop difficile, trop ardue à comprendre, et presque impossible à mettre en pratique. C'est faux, car, pour l'exprimer avec la simplicité du langage évangélique, elle consiste à suivre le Christ, à s'abandonner à Lui, à se laisser transformer et renouveler par sa grâce et par sa miséricorde, qui nous rejoignent dans la vie de communion de son Église » (§ 119).

La conscience, voix de Dieu

Mgr Jacques PERRIER
Évêque de Chartres

Ce titre donné à mon article, *La Conscience, voix de Dieu,* m'engage à revenir sur le point 2 du chapitre 2 de l'encyclique *Veritatis Splendor.*

Dans ce chapitre, le pape s'interroge sur certaines tendances de la théologie morale actuelle. Ce chapitre comprend quatre sujets inégalement développés : la liberté et la loi, la conscience et la vérité, le choix fondamental et les comportements concrets, enfin l'acte moral.

Dans ces quatre paragraphes, le schéma de raisonnement du pape demeure identique : il s'agit toujours de situer une réalité qui, en elle-même, est vraie et positive, par rapport à un ensemble plus englobant encore ; il ne s'agit donc pas de diminuer l'importance d'une chose qui est perçue avec force par notre époque, mais de lui donner son véritable statut, sa véritable stature, en la situant dans un univers qui ne soit pas moniste. La conjonction, par excellence, du catholicisme, c'est : *et.* Nous ne sommes pas pour les dilemmes, mais pour l'articulation de réalités complémentaires : la liberté *et* la loi, la conscience *et* la vérité, le choix fondamental *et* les comportements concrets.

Cette dualité n'apparaît pas dans le quatrième paragraphe sur la morale. Mais le schéma est le même : il s'agit de l'acte moral en lui-même, considéré par rapport à ce qui l'entoure (les circonstances) ou ce qui le suit (les conséquences).

Il s'agit donc toujours de sauver la liberté et la conscience, qui sont aujourd'hui affirmées avec force par la culture moderne mais qui, laissées à elles-mêmes, risquent comme toute idole, d'être néfastes pour l'homme.

Les difficultés contemporaines

Quelles sont les difficultés auxquelles le pape cherche à faire face ? On peut les résumer en deux groupes : d'une part, le pape craint que l'on n'attribue une valeur excessivement créative à la conscience, comme si la conscience était créative de ses propres valeurs, ou bien encore « que la conscience se veuille autonome de ses décisions ». Le pape s'en prend à une conception de la conscience morale qui serait une espèce de case vide que chacun remplirait à sa guise. D'autre part, le pape souhaite que l'on n'en reste pas à une sorte de divorce entre la conscience individuelle et la loi générale, avec une valorisation unilatérale de la conscience, donc réciproquement une dévaluation de la loi.

Revenons sur ces points.

La conscience créative de ses propres valeurs

La conscience créative de ses propres valeurs : ce sont les termes employés dans l'encyclique. On voit bien ce qu'il y a de très positif dans cette affirmation. Dans la Création, l'homme n'est pas seulement un objet façonné. Il a part au plan de Dieu, à sa Création, évidemment dans la transmission de la vie, mais aussi dans tous les autres aspects de ses activités. Il serait bien étrange que, dans l'activité morale, l'homme n'ait pas aussi une part active. Mais en disant que la conscience est créative de ses propres valeurs, on nie ce qui a été traditionnellement la définition première de la conscience et qu'on trouve déjà dans le Nouveau Testament : la conscience comme témoin. On parle toujours de la « voix » de la conscience, cela veut donc dire que l'on « entend » la conscience ; on ne fabrique pas la conscience.

Ultimement, la conscience est témoin de Dieu. Le mot « témoin » est appliqué deux fois, par saint Paul, à la conscience morale. Le mot grec correspondant a pris, dans la langue chrétienne, un sens bien particulier : le martyr est un témoin qui va jusqu'à rendre le témoignage de sa vie. On s'est étonné que le pape, à propos de la morale, évoque le martyre. Oui, il y a des martyrs de la conscience : ceux qui entendent leur conscience jusqu'au bout et font don de leur vie. La morale et la conscience ne sont pas faits pour arbitrer des choix médiocres.

Comme toute réalité humaine, la conscience se reçoit avant de se conquérir, sinon elle n'est plus réellement personnelle, c'est-à-dire venant d'une personne fondatrice qui est celle même de Dieu.

La conscience autonome de ses décisions

Le pape tient beaucoup à ce que, avant de se décider, l'homme puisse juger. Avant d'agir, il faut savoir pourquoi.

Il y a dans cette encyclique une revendication très forte en faveur de la rationalité humaine. Il ne faut pas céder à l'émotivité, mais il ne faut pas non plus tomber dans le volontarisme ; nous sommes des êtres doués d'intelligence, nous avons reçu de Dieu la Sagesse – thème que le pape avait développé au Bourget en 1980. Notre participation à la Sagesse, c'est la raison. Certes, la rationalité a bien des formes : les mathématiques n'en sont qu'une. Il existe une rationalité en morale, à laquelle il ne faut pas renoncer avant de prendre ses décisions. Des actes peuvent être héroïques et malfaisants, s'ils sont déraisonnables. Inversement, il peut être raisonnable de sacrifier sa vie à condition de ne pas confondre la raison et l'absence de danger.

La loi dévaluée au profit de la conscience

Comme si la loi ne pouvait poser que des principes généraux abstraits et que la conscience, et elle seule, était capable de décisions concrètes et personnelles ! Si on dévalue la loi au profit de la conscience hypertrophiée, la loi perd assez rapidement tout intérêt ; elle reste une base lointaine, mais elle perd de son actualité.

Certes, il demeure une tension entre la loi et la conscience, car la norme immédiate du jugement moral reste la conscience. De la loi au comportement et au choix qui s'impose, il n'y a pas une déduction purement syllogistique ; il faut faire intervenir de nombreux éléments. Cependant, le pape tient à ce que, tout au long d'une vie morale, y compris dans la pluralité et l'extrême diversité des choix moraux, la loi reste comme une instance permanente ; elle n'est pas seulement un préalable. La loi est présente en permanence dans les choix concrets dont la conscience jugera.

Car si on se résigne à une dualité entre la loi, qui ne serait que généralité et abstraction, et la conscience, qui aurait pour elle le concret et le caractère personnel auxquels nous sommes sensibles, nous tomberons dans le dualisme entre théorie et pratique, entre dogme et pastorale. On ne peut pas se résigner à ce que s'établisse d'une façon durable un divorce entre dogme et pastorale. C'est le point sur lequel le pape termine les paragraphes 54 à 56 de l'encyclique.

La conscience morale

« Tout homme est doté d'une conscience morale : il est tenu de la suivre ; et le contenu de cette conscience morale est la loi naturelle », rappelle le Saint-Père.

Oui, tout homme est doté d'une conscience morale, d'où la portée de cette encyclique. Il ne s'agit pas seulement d'une réflexion pour les catholiques, car la question morale vaut pour tout homme. Le terrain moral est le plus conflictuel aujourd'hui : voyez comme on tire sur le pape, sinon avec un revolver, du moins avec le langage. La morale est le lieu des plus grandes agressivités contre l'Église catholique. En même temps, la question morale est la plus universelle aujourd'hui, car tout homme a une conscience morale. Le dialogue sur les questions morales est un terrain commun à tous ; il est praticable par tous les hommes qui veulent orienter leur vie. Cela expliquait déjà le succès de *Gaudium et Spes.* Tout homme est doté d'une conscience morale, de même que tout homme a une vie spirituelle.

Suivre sa conscience

Tout homme est tenu de suivre sa conscience. Tout homme sait qu'il ne doit pas agir avec une conscience coupable. Dans l'Épître aux Romains (14, 22), nous trouvons une phrase valable pour tout homme : « Heureux qui ne se juge pas coupable au moment où il se décide. » Cette phrase de saint Paul pourrait se trouver partout : dans l'islam, l'hindouisme ou chez les païens.

Il y a un contre-exemple dans l'Évangile : Pilate, le païen, est un homme qui agit contre sa conscience. En condamnant le Christ, il se condamne lui-même ; car il sait que le Christ est innocent, il sait qu'il fait prévaloir son intérêt propre sur la justice et la vérité.

La loi naturelle

Le contenu de cette morale universelle, c'est la loi naturelle. Selon l'Épître aux Romains (2, 14-15) : « Quand des païens privés de la loi accomplissent naturellement les prescriptions de la loi, ces hommes, sans posséder de loi, se tiennent à eux-mêmes lieu de loi ; ils montrent la réalité de cette loi inscrite en leur cœur, à preuve le témoignage de leur conscience, ainsi que les jugements intérieurs de blâme ou d'éloge qu'ils portent les uns sur les autres. »

Ce qui a été donné par la loi révélée au mont Sinaï, les païens, par leur conscience, peuvent le découvrir. Comme la loi, la conscience, lorsqu'elle n'est pas déformée, est une voix par laquelle Dieu s'exprime et se fait entendre ; d'où le titre de ce commentaire : La *conscience, voix de Dieu.*

La conscience mérite le respect

Le péché ne détruit pas la conscience, et la conscience, même fausse, mérite le respect.

Sur ce sujet, les textes du Magistère sont nombreux. Il serait trop long de les lire, mais on peut les énumérer : *Gaudium et Spes* § 16, cité par le pape ; la déclaration du Concile consacrée à la liberté religieuse (notamment § 3) ; le *Catéchisme des Évêques de France* (§ 499 à 502) et le *Catéchisme de l'Église catholique* (§ 1776 à 1802). La conscience, même erronée, mérite le respect. Cela doit barrer la route à tout totalitarisme qui, au nom de l'erreur dans laquelle s'égarerait l'interlocuteur, prétendrait imposer de force sa vérité.

Toute conscience mérite respect ; cela ne veut pas dire qu'il n'y a rien à faire : la conscience doit être éclairée ; elle peut même être dérangée, interpellée ; mais une conscience ne peut jamais être forcée ; ce serait un viol. Cela est contraire à la nature de l'être humain, créé à l'image de Dieu, image qui peut être abîmée, blessée, mais jamais détruite. C'est un point fondamental de la doctrine catholique, en application concrète de ce que dit le concile de Trente à propos du péché.

Autant un acte peut être intrinsèquement pervers, autant toute personne est respectable. Le vocabulaire du pervers, qui est très souvent repris à l'heure actuelle – en particulier dans l'encyclique – ne porte jamais que sur des actes. Heureusement, il y a une distance entre nos actes et nous. Il n'y a que Dieu qui soit totalement identique à ses actes.

La conscience est fragile et sauvable

Cette conscience est à la fois fragile et sauvable. Fragile, nous le savons pour nous-même et nous le voyons. Il suffit de regarder notre propre génération ou l'histoire de notre Occident durant ce siècle ; comment des peuples nombreux ont-ils pu admettre, tolérer ou rester insuffisamment vigilants face à de telles monstruosités ?

Notre conscience peut cependant être erronée sans qu'elle soit coupable : c'est une doctrine reprise par le pape. La conscience peut être erronée, en vertu d'une ignorance invincible. Hélas, on peut craindre que pour un certain nombre de points de la doctrine morale, de larges couches de la population soient entrées dans une espèce d'ignorance invincible.

Fragilité de la conscience, mais aussi salut possible de cette conscience par la conversion initiale et la conversion permanente. Une conscience ne se convertit pas d'un coup ; on le voit, y compris dans la vie des saints ; une conscience peut basculer, mais il reste toujours un long trajet à faire avant qu'une conscience rectifiée n'influe sur la totalité d'une conduite. Le jugement a sans cesse à se renouveler : le pape le redit après saint Paul dans l'Épître aux Romains (12, 2). Il est bon de donner ces références scripturaires, car on a trop tendance à lire un texte de morale comme un texte philosophique dont les sources révélées seraient lointaines.

La conscience est un sanctuaire

Dieu seul pénètre la conscience. La conscience est un sanctuaire. Le pape reprend le mot fort de *Gaudium et Spes* (§ 16) : la conscience est le sanctuaire où Dieu parle seul à seul à chaque homme. Puisque c'est un sanctuaire, c'est un lieu qui doit être infiniment respecté, d'où le jugement très dur du Christ contre ceux qui scandalisent la conscience des petits (Mt 18, 6), c'est-à-dire de ceux qui n'ont pas encore en eux-mêmes la force de repousser l'agression dont ils sont l'objet. Il vaudrait mieux que ces hommes-là se voient suspendre une meule au cou, qu'ils coulent et meurent tout de suite.

Cette sévérité est très rare dans la bouche du Christ. Pourquoi ? Parce que l'on a attenté à ce sanctuaire dont l'enfant n'a pas encore la capacité d'assurer la défense : un sanctuaire où Dieu lui parle. Quand le Christ dit cela, il réagit de la même manière que lorsqu'il libère l'esplanade du Temple de ceux qui l'encombrent et qui dévaluent la signification sacrée du Temple.

On peut également relire saint Paul (1 Co 8, 12) : « Blesser la conscience de l'autre, c'est faire un péché contre le Christ. » Nous pouvons reprendre à notre compte les considérations des Droits de l'homme sur l'inviolabilité de chaque conscience, mais pour nous, c'est parce qu'elle est le sanctuaire de Dieu que la conscience est inviolable. Ne séparons jamais la morale, la spiritualité, la théologie, la mystique. La morale est l'une des quatre parties constitutives du catéchisme. Il faut refuser le dualisme entre théorie et pratique.

L'unité des consciences dans la vérité

La conscience, sanctuaire de Dieu, où Dieu seul pénètre, (« il me sonde, et me connaît », cf. Ps 138). Lui seul peut me sauver de ce que je découvre. Cependant la conscience n'est pas une île, une tour d'ivoire. Il est possible d'établir un dialogue des consciences. Cela n'est pas dit aujourd'hui : on parle beaucoup d'individualité, d'inviolabilité ou d'imprescriptibilité des choix de chaque conscience individuelle, mais l'idée qu'il puisse y avoir un dialogue des consciences paraît contraire à ce respect total qui est lié à chaque conscience. On a même l'impression que notre société ne peut concevoir le dialogue des consciences hors de la notion de rapport de forces.

Or, il y a un dialogue des consciences et l'on peut dire que toute l'Écriture est fondée sur un tel dialogue. Dès que Dieu retrouve Adam et Ève après la faute, il dialogue avec eux. Dieu ne parle pas avant qu'eux-mêmes ne disent quelque chose sur ce qu'ils ont fait. Dieu passe par la reconnaissance de ce qu'ils ont fait.

Si l'on regarde le dialogue entre David et Nathan, c'est la même chose. Nathan n'assène pas à David sa condamnation, il veut lui faire prendre conscience de son péché ; il passe par le détour de la parabole sur la petite brebis, pour que David lui-même dise : « Cet homme, c'est moi, j'ai péché. » Pourquoi cela ? Non pas pour enfoncer l'homme. Au contraire, pour que, par la reconnaissance de sa faute (une faute devant Dieu et donc un péché) le pécheur devienne sauvable ; par la reconnaissance de sa faute, l'homme commence à participer à son rachat.

Lorsque le frère commence par aller trouver son frère seul à seul, il n'est pas question de la moindre sanction ; il est question d'interpeller l'autre dans sa conscience. Nous en avons un exemple magistral lorsque Pierre est interpellé par Paul. Il l'interpelle et il en appelle à sa conscience. On peut dire que toutes les finales des épîtres de saint Paul sont des interpellations à ses communautés au nom de leur conscience, au nom des sacrements qu'ils ont reçus, pour qu'ils se convertissent, qu'ils redécouvrent par eux-mêmes le caractère incongru, absurde, contradictoire et finalement néfaste de leur conduite.

Vision théologique de la morale

En christianisme, nous ne pouvons pas nous résigner à la dualité ou au divorce. Il faut qu'une théologie morale pointe vers une mystique de la conscience.

Car, finalement, qui parle dans la conscience ? Ce n'est pas simplement la voix du Dieu des philosophes et des savants, qui pourtant n'est pas à rejeter ; celui qui parle, et qui est la Parole de Dieu, c'est le Christ. Celui qui parle à travers la conscience, il faut que, de plus en plus, ce soit le Christ lui-même. Le *Catéchisme de l'Église catholique*, en son § 1778, cite le cardinal Newmann : « La conscience est le premier de tous les vicaires du Christ. » Ce à quoi il faut tendre, c'est que, à travers notre conscience, ce soit le Christ lui-même qui parle, et, pour cela, que l'Esprit fasse entendre en nous la voix du Christ. La phrase de Jésus dans saint Jean : « L'Esprit vous mènera vers la vérité tout entière », nous y pensons souvent au plan de la découverte de la Révélation, mais pourquoi ne l'appliquerions nous pas à l'agir moral ? Ou encore : « L'Esprit vous rappellera tout ce que je vous ai dit. » C'est vrai aussi de l'agir moral.

Un texte qui paraît insuffisamment exploité quand on réfléchit au problème de la conscience se trouve dans la Première épître aux Corinthiens, chapitres 8 à 10 : la question, qui n'est peut-être pas le souci principal actuellement, est de savoir si l'on a, ou non, le droit de manger des viandes qui ont été sacrifiées aux idoles. Dans ces trois chapitres, saint Paul montre que ce que j'ai le droit de faire en conscience, c'est une chose, mais ce qu'il convient que je fasse ultimement est encore au-delà. On pense : « puisque ces idoles ne sont rien du tout, pourquoi ne pas manger ces viandes ? » Oui, mais ce frère récemment converti, encore à la charnière du paganisme et du christianisme, ne comprend pas très bien pourquoi vous le faites. Vous allez violer sa conscience. Vous allez lui faire mal, le blesser. On a blessé le Christ en blessant la conscience de l'autre. Pour l'autre, je dois renoncer à mon droit.

La conscience est un absolu, mais – si ce n'est pas contradictoire de le dire – elle n'est pas le dernier absolu : l'absolu dernier, c'est l'autre, et cet autre est Dieu, l'Amour même.

Bien sûr, il ne faut pas rester à cette espèce de dilemme. Il faut incorporer l'Amour comme le moteur le plus puissant de ma conscience, ce au nom de quoi je porterai le jugement ultime sur la bonté de l'acte que je vais poser. Et ce moteur, ce ne sera pas moi-même, ni ce que j'aurais le droit ou non de faire, mais c'est le salut de l'autre et le désir de Dieu d'être en communion avec cet autre. On voit bien jusqu'où vont les grands principes généraux, l'espèce de philosophie universelle que l'on nomme parfois la « sagesse des nations », et où s'introduit la spécificité du message évangélique. On peut avoir à renoncer à son propre droit, à renoncer à soi-même, à cause de l'autre, par amour de l'autre.

Un texte d'espérance

Le souhait du pape – et de l'Église – c'est que nous agissions dans une conscience bonne. C'est une expression qui revient souvent dans l'Ancien Testament, chez saint Paul, saint Pierre, saint Jean. Il est préférable de dire une « conscience bonne » plutôt qu'une « bonne conscience ». Une conscience bonne est une conscience éclairée. L'Église aux XVIe et XVIIe siècles a réfléchi sur la façon dont on pourrait sortir des cas difficiles car les choix portent souvent sur des questions ambiguës. L'Église a mis au point un certain nombre de règles qui permettent à chacun de juger, d'agir avec une conscience bonne. L'Église ne souhaite pas que nous entretenions perpétuellement le doute sur nous-mêmes.

Si on examine l'Évangile, on n'a pas l'impression que le Christ souhaite que nous restions dans l'incertitude. Il s'en prend à la bonne conscience des pharisiens, c'est-à-dire de ceux qui se croient justes simplement au titre des actes posés ; non, jamais les actes posés ne suffisent à rendre juste. Le Christ veut qu'on agisse dans la lumière et la transparence.

L'idée du pape est que la conscience ne peut pas être véritablement bonne si elle n'est pas établie dans la vérité. Ce qui ne serait pas vrai ne serait pas bon ultimement. Quelle que soit l'intention que l'on peut avoir, si les actes posés ne sont pas vrais, ils finiront par faire mal. Il semble bien qu'à notre époque on en constate la démonstration magistrale. Quelle que soit l'intention, un agir non conforme à la vérité de l'homme finit par se retourner contre l'homme malgré la bonne intention du départ. C'est ce qui arrive à l'heure actuelle avec les innombrables débats sur la génétique, la bioéthique, etc. Il peut y avoir de bonnes intentions mais cela ne suffit pas. Quand une maison est mal construite, elle risque de tomber ! Il faut avoir une bonne base, c'est-à-dire refuser de dissocier durablement bonté et vérité ; ne pas se masquer que les cas obscurs, les risques d'échecs sont innombrables (mais il y a dans la foi un *a priori* d'espérance !) ; ne pas se résigner au divorce permanent, qui serait désormais inéluctable, entre ce que l'on dit (ce que l'on croit vrai) et ce que l'on fait, même s'il y a d'innombrables faillites, y compris dans nos propres vies ; ne pas se résigner au dualisme ; tendre toujours vers un idéal de vie, où ce qui est perçu comme le bien, je tâcherai de l'accomplir.

Cela n'empêche, en aucune façon, l'attitude de miséricorde à l'égard de tout homme pécheur, et nous les premiers. Ce qui, aujourd'hui, est dangereux, c'est la tentation de s'autojustifier au nom simplement de sa propre conscience, que l'on ne s'est guère donné la peine d'éclairer et de dégager des pressions environnantes. C'est à la fois paresseux, peu humain, peu digne, peu dynamique. C'est, finalement, une conduite de résignation. Et le pape combat cette paresse.

Ces questions ont aussi une portée sociale. J'ai entendu une phrase : « S'il y avait une loi universelle, il n'y aurait plus de démocratie. » Au contraire ! Car s'il n'y avait que la conscience individuelle, chacun étant enfermé dans sa tour d'ivoire, il n'y aurait plus de démocratie du tout, c'est certain. Si chacun est un tout rigoureusement autonome, s'il n'y a pas de communication des uns aux autres, s'il n'y a pas de dialogue des consciences, si on ne peut faire appel à une vérité dans l'ordre moral, alors ce ne peut être que la jungle et la loi du plus fort.

En reliant la conscience et la liberté à la loi et à la vérité, le pape fait un acte de grande portée sociale, un acte de salut public.

Éthique et démocratie : le bien moral peut-il se dégager d'une majorité ?

Mgr Émile Marcus
Évêque de Nantes

L'actualité n'est pas avare en circonstances qui mettent les États démocratiques devant la nécessité de prendre des décisions dont la portée est considérable du point de vue de l'éthique ou de la morale. Deux exemples suffiront.

Le premier, choisi dans le domaine de la vie politique : quelle conduite l'État peut-il et doit-il tenir, au-delà de l'aide humanitaire, quand la diplomatie est durablement en échec, vis-à-vis d'un pays dans lequel il est avéré que les droits de l'homme sont gravement bafoués et que l'on se trouve même devant un déni de justice caractérisé ?

Le second, choisi dans le domaine de l'activité biomédicale : en vertu de quels principes le législateur peut-il et doit-il réglementer l'usage des techniques de fécondation extra-corporelle ou d'intervention sur le génome humain ?

Notre démarche comportera quatre étapes : nous commencerons par nous faire une idée des conditions dans lesquelles les États sont confrontés aujourd'hui à des options de cette nature, et de la manière dont ils traitent l'incontournable question du fondement des choix éthiques. Viendra ensuite l'examen de l'enseignement de l'Église dans l'encyclique *Veritatis Splendor.* Il nous faudra enfin nous intéresser à la mise en pratique de cet enseignement.

Je crois nécessaire, avant d'engager cette réflexion, d'attirer l'attention sur l'usage de deux concepts, celui d'« éthique » et celui de « morale ».

On sait que le mot « éthique » a été introduit dans la philosophie pour désigner la science de la morale. Ainsi parle-t-on de l'éthique de Spinoza.

Le contexte des questions relevant de « la morale » (au sens général du mot), leur abondance, leur complexité, la variété des manières selon lesquelles on y est impliqué, nous valent aujourd'hui l'usage courant de ces deux mots. Il reste fréquent que l'usage de l'un plutôt que de l'autre soit peu ou pas justifié, ou dépende de la sensibilité de ceux qui s'expriment : on parle volontiers de morale dans l'Église et d'éthique dans des documents qui se veulent très neutres du point de vue religieux.

Dans les documents du magistère ecclésial, et chez les moralistes chrétiens, le concept de morale englobe celui d'éthique, et, si l'on peut dire, le surplombe. La morale est du côté du jugement de la conscience à laquelle elle fournit ses critères. L'éthique est plutôt du côté du bon usage des capacités humaines en tant que telles. Elle se rapporte aux règles du savoir-faire, aux normes de la vie sociale.

Ainsi, dans un récent discours du Saint-Père à l'Académie Pontificale des Sciences (*L'embryon est une personne et non un objet d'expérimentation,* 20 novembre 1993, *D.C.* 2085, p. 7), il est question d'une part, de la « loi morale », de « critère moral », de « valeurs morales », de « décision morale juste » et d'autre part, de « raison éthique » (comparée à la « raison scientifique »), de « sens éthique naturellement présent dans toute conscience ».

Pour le dire schématiquement, la morale fonde le sens éthique. Elle lui donne sa sûreté. Les normes éthiques répondent à la question : que peut-on faire qui convienne à la situation devant laquelle on se trouve ? La morale est en jeu lorsqu'on se demande « que faut-il faire pour faire le bien et éviter le mal ? », donc pas seulement pour bien faire, selon les possibilités qui s'offrent, mais pour faire conformément à ce que la conscience indique comme bien.

On a dit en ce sens que « la morale représente l'instance critique du comportement éthique ».

Omettre de faire cette distinction ne va pas sans dommages. Si l'on ne prend en compte que l'éthique, selon ce que l'on met désormais sous ce mot, il y a risque de ne pas signaler suffisamment le plus haut niveau de la responsabilité humaine individuelle ou collective. Prétendre que la normalité des actes humains ne s'évalue qu'au plan de l'éthique peut signifier le rejet de l'affirmation selon laquelle l'homme, lorsqu'il agit de manière délibérée, est pour ainsi dire le père de ses actes, et que ceux-ci sont moralement qualifiables, c'est-à-dire bons ou mauvais.

On peut être « en règle avec l'éthique », telle que nous venons de la définir, c'est-à-dire appliquer correctement les règles du savoir-faire et les normes de la vie en société, et tout à la fois commettre une infamie.

Mais si l'on ne retient que le seul mot de morale, alors même que les cas de conscience auxquels on peut être confronté sont souvent aujourd'hui d'une extrême complexité, on risque d'écraser l'attention aux règles et aux normes sociales ou, en d'autres termes, de ne pas prendre en compte suffisamment la nécessaire analyse des situations dans le respect de leur spécificité.

L'état démocratique confronté au choix éthique et moral

Observons d'abord que l'État démocratique est confronté au choix éthique et moral, sur des questions qu'il faut souvent qualifier de « majeures ».

Dans les pays développés, l'État est conduit à prendre position devant un certain nombre de questions inédites, et aussi à réagir devant des agressions d'un type nouveau, qu'il s'agisse du terrorisme ou de la pollution des côtes par des transporteurs de toutes sortes de produits ou d'objets, de diverses formes de corruption, de la falsification de l'information, de l'introduction d'un virus informatique, etc. Il lui faut à cet effet disposer d'un minimum de règles et de normes sociales et donc faire des choix éthiques. À s'y refuser, un État aurait tôt fait de se fragiliser énormément car, devant le type de questions et d'agressions que nous venons d'évoquer, seraient rendus fort difficiles, voire impossibles, le maintien de l'unité nationale, l'exercice de la justice, la production et la distribution des biens vitaux, etc.

Ces choix éthiques ont fréquemment un cœfficient moral, certains engageant rien moins que le devenir de l'humanité, comme par exemple ceux que posent les possibilités ouvertes dans le champ des disciplines biomédicales.

Pour effectuer ces choix, tout État démocratique dispose des institutions dont il s'est pourvu, notamment les assemblées parlementaires avec leurs diverses instances. Il arrive cependant que les mesures à prendre revêtent un tel caractère d'urgence qu'il s'avère difficile, voire impossible de leur laisser le temps d'agir. Les situations de ce genre vont depuis l'irruption d'un produit pharmaceutique nouveau dont l'usage n'est pas neutre pour la santé publique, jusqu'à la prise en otage d'une classe entière dans une école maternelle, en passant par l'interférence des médias dans l'exercice de la justice... Les dispositions prises, et dont les citoyens sont les témoins en temps réel, risquent d'ailleurs d'orienter l'opinion, voire de marquer le législateur.

Il ne faut pas cacher non plus que les pressions idéologiques, avec leur cœfficient politique, peuvent aussi provoquer des lenteurs... On a dit que les choix éthiques se faisaient plus aujourd'hui « sur le terrain », quand surgissent des cas de conscience, que dans les laboratoires de la pensée...

L'État enfin est confronté à ces choix avec une inévitable perplexité.

C'est bien la difficulté de prendre des décisions ayant une portée éthique et morale qui a conduit, dans les États démocratiques, à valoriser le rôle des sages et à mettre en place des instances d'appréciation sur divers problèmes de société, notamment sous la forme de « Comités d'éthique » qui donnent, à titre consultatif, des avis motivés. Le plus connu en France est le Comité National d'Éthique pour les Sciences de la Vie et de la Santé, créé par décret en 1983. Mais on trouve de telles instances sous des formes diverses (conseils, hautes autorités, etc.) au sein de la justice, de l'industrie, de l'environnement, de la Bourse, de l'audiovisuel, de l'informatique, des sondages. On y traite de tout, ce qui est embarrassant, depuis le Code de la nationalité jusqu'à l'expérimentation animale...

Ces « instances de sagesse » paraissent bénéficier d'une assez large confiance du public. Toutefois certains s'interrogent sur les ambiguïtés de cette sorte de « magistère moral » qui intervient quelque part entre le pouvoir législatif et le pouvoir exécutif. « Le sage ne légifère pas, mais n'est-il pas un législateur en second que personne ne contrôle réellement ? » se demande-t-on ici ou là.

D'ou provient cette perplexité ?

Du caractère inédit et complexe des problèmes à résoudre, mais aussi de ce que l'on appelle globalement la crise des valeurs.

Chez nous, en régime de séparation de l'Église et de l'État, devant les décisions qui finalement mettent en cause non seulement l'éthique mais la morale elle-même, l'État ne dispose plus, par définition, d'un point d'appui religieux. Mais il ne dispose même pas d'un système de valeurs qu'il pourrait considérer comme suffisamment admis au sein de la nation, pour servir de référence. Encore que cela soit discutable, les observateurs de nos mœurs estiment généralement qu'il ne reste à notre société que des « vérités de radeau », selon l'expression de Claude Imbert, dans son *Ce que je crois,* voulant dire par là qu'en ce qui concerne les normes de la conduite humaine, et même le sens de la vie, plus grand-chose n'est assuré, si ce n'est provisoirement.

Cela nous met au seuil de notre deuxième étape : celle des points d'appui de la décision non seulement éthique, mais morale.

La question du fondement de la décision éthique et morale

Pour nous limiter à un unique exemple – mais il est d'importance majeure – voyons comment il est répondu à cette question dans le domaine de l'éthique biomédicale.

Je vais me référer à deux documents : le rapport de la Commission d'enquête *Fécondation et embryologie humaine* présenté au Parlement britannique par Madame Mary Warnock, en 1984, et le rapport au Premier ministre du gouvernement français sur *Les Procréations artificielles* (devenues depuis les P.M.A.), dit *Rapport Alnot-Labrusse,* du nom de ses deux principaux artisans, Madame Marie-Odile Alnot et Madame Catherine Labrusse-Riou, en 1986.

Dans leurs introductions respectives, les deux documents abordent notre question.

Dans le premier, on lit ceci : « Dans notre société pluraliste, on ne peut s'attendre à ce qu'un ensemble de principes, quel qu'il soit, puisse, à peine énoncé, recueillir l'agrément de tous. Cela ne veut pas dire qu'énoncer des principes est arbitraire ou qu'il n'existe pas une moralité quelconque acceptée par tous. Le droit lui-même, qui est obligatoire pour tous les membres de la société, indépendamment de leurs convictions, incarne une position morale commune. Il établit un cadre large pour ce qui est moralement acceptable au sein de la société. » Madame Warnock plaide pour la légitimité de « l'exigence minimale pour une société tolérante », reconnaissant aux individus et communautés la possibilité d'adopter des contraintes plus sévères. Et elle conclut en déclarant que « la question fondamentale doit être celle-ci : Quel type de société pouvons-nous apprécier et admirer ? Dans quel type de société pouvons-nous vivre avec la conscience tranquille ? » (p. 13 et 14 de la traduction française éditée par la Documentation française).

L'introduction du second rapport prend acte, lui aussi, du pluralisme et des contradictions au sein de la nation, mais de manière moins irénique. L'État, estiment les auteurs, devrait fixer « les règles du jeu » par voie législative ou réglementaire. Il faudrait pour cela « affirmer des valeurs de référence [...]. Mais le risque est alors évident de susciter de vives réactions sur le choix retenu ». Alors on se contentera de faire une photographie de l'opinion au moyen de la méthode qui paraîtra la plus fiable (p. 9-13 du texte édité par la Documentation française).

Ces deux documents nous font mesurer ce que l'on pourrait appeler la précarité éthique et morale de notre situation. Le statut de l'embryon, par exemple, va dépendre de la décision du législateur sur la base d'une « consultation »...

Pour étayer ce genre de choix, les États peuvent se référer à la *Déclaration universelle des Droits de l'homme* (1948).

Il y a bien là, en effet, un faisceau de valeurs dans lesquelles se reconnaissent, au moins théoriquement, tous les États de droit. Mais on mesure les incertitudes, voire le flou, que recouvre l'expression de « respect des droits de l'homme ». Comment interpréter, face à une situation un tant soit peu complexe, le « tout individu a droit à la vie... » ?

« On nous dit de tous côtés qu'il faut légiférer (en bioéthique), passer de l'éthique au droit. Mais de quelle éthique au juste, et pour quel droit ? » demandait récemment Madame Labrusse-Riou. « Lorsqu'il s'agit de décider concrètement du permis et du défendu, du licite et de l'illicite, les consensus mous sur les belles idées de progrès, de liberté, de dignité, de droits de l'homme, de santé, de bien-être, de solidarité – que sais-je encore ? – tant est riche et inefficace le langage des bonnes intentions, l'accord se défait et le pugilat s'instaure. » Pour l'auteur de ces lignes, « l'éthique se manifeste aujourd'hui par son absence, et ce serait déjà beaucoup de reconnaître cette absence et d'en analyser les causes » (Le *Monde des débats* de janvier 1994, p. 4).

D'autres personnalités du monde scientifique tiennent une position moins inquiète en invoquant les ressorts humains au moyen desquels une société finirait toujours par trouver son chemin. On cite en ce sens le mot du professeur Jean Bernard selon lequel « l'éthique est une invite à garder le sens de la mesure »... Mais cet optimisme n'est-il pas démenti par la pratique de l'avortement, son extension, sa banalisation ? Et qui, aujourd'hui, gouverne le destin biologique des humains ?

Un courant de pensée, qui d'ailleurs comporte de multiples variantes, semble actuellement se dégager. Il invite à s'accommoder de cette situation, ou à s'y résigner, et à mettre une fois pour toutes la décision éthique sous le signe du risque. On se dira que le fondement de la morale est devenu précaire, qu'il est lié désormais à la contingence. Cette position inspire les courants de l'« éthique procédurale » selon laquelle ce que l'on tiendra pour vérité dans l'ordre de l'éthique, voire de la morale, dépendra du résultat d'une délibération de type démocratique, la responsabilité humaine portant sur l'honnêteté de ses règles et de ses normes.

Voilà qui nous situe devant deux ordres de questions. Le premier porte sur les possibilités, pour une société, de survivre collectivement en demeurant suspendue, sur ces valeurs essentielles, à ce que Madame Warnock appelait dans le document examiné tout à l'heure « l'exigence minimale pour une société tolérante » que seule la loi de la majorité permettra d'établir.

Le deuxième ordre de questions est plus fondamental. Il concerne la nature de l'homme.

Est-il cet être autosuffisant qui peut tirer de lui-même le dernier mot sur sa propre vérité ? L'homme conscient de sa finitude et de son caractère faillible peut-il gérer sa condition sans demeurer ouvert à la transcendance ?

L'enseignement de l'Église dans *Veritatis Splendor*

Pour tenter de dire brièvement ce que comporte l'enseignement de l'Église dans *Veritatis Splendor*, sur la question qui nous occupe ici, j'ai formulé les quelques propositions que voici.

1. Il y a une vérité de l'homme que le Christ a manifestée en ce monde par son message, lequel ne doit pas être dissocié de tout ce que la révélation nous donne à connaître de sa personne, car il n'est pas seulement un maître de sagesse, mais le Sauveur du monde.

Tel est l'indicatif même de l'encyclique, que Jean-Paul II emprunte à *Gaudium et Spes* (§ 22) : « Le mystère de l'homme ne s'éclaire vraiment que dans le mystère du Verbe incarné » (§ 2). « La réponse véritable et définitive au problème moral ne se trouve que dans le Christ » (§ 85).

2. Cette vérité de l'homme est une vérité à connaître, mais aussi à vivre (§ 88). En d'autres termes, « la foi a un contenu moral » (§ 89).

3. Telles sont les raisons pour lesquelles on ne saurait douter de l'existence de « normes objectives de la moralité, valables pour tous les hommes de tous les temps » (§ 53).

L'encyclique « réaffirme », et c'est son point focal, « l'universalité et l'immutabilité des commandements moraux, en particulier de ceux qui proscrivent toujours et sans exception les actes intrinsèquement mauvais » (§ 115).

4. C'est dans la Révélation de Dieu par lui-même que l'homme découvre ce qu'il doit faire, en même temps d'ailleurs que ce qu'il est. « La vie morale se présente comme la réponse due aux initiatives gratuites que l'amour de Dieu multiplie dans ses relations avec l'homme » (§ 10). Mais aucun homme par sa conscience n'est étranger aux dimensions morales de la vérité de l'homme, c'est-à-dire aux normes objectives dont il vient d'être question. *Veritatis Splendor* réaffirme cette conviction avec une grande force et l'on s'en rend compte notamment à la lecture du § 94 : celui-ci crédite le sens moral des peuples et des grandes traditions religieuses et sapientiales de l'Orient et de l'Occident, de leur capacité de rendre témoignage – et jusqu'au sacrifice de la vie – « au caractère absolu du bien moral [...] non sans une action intérieure et mystérieuse de l'Esprit de Dieu ».

5. L'Église a la charge de proclamer inlassablement la norme morale, « l'interprétant et la proposant à tous les hommes de bonne volonté, sans en cacher les exigences de radicalisme et de perfection ». « Elle n'est ni l'auteur ni l'arbitre d'une telle norme » (§ 95).

6. Le rapport entre la morale et la vie politique résulte de ces considérations (§ 98-101). L'encyclique aborde cette question, de même que celle des rapports entre la morale et la vie sociale et économique, en fonction « de la nécessité d'un renouveau radical personnel et social » (§ 98), que seule peut garantir la vérité de

l'homme, « vérité de Dieu Créateur et Rédempteur et vérité de l'homme créé et racheté par lui ». « Ce n'est que sur cette vérité qu'il est possible de construire une société renouvelée et de résoudre les problèmes complexes et difficiles qui l'ébranlent, le premier d'entre eux consistant à surmonter les formes les plus diverses de totalitarisme pour ouvrir la voie à l'authentique liberté de la personne » (§ 99).

En ce qui conceme directement le pouvoir politique, l'encyclique commence par rappeler le risque présenté par les pays où la politique est liée à une conception totalitaire du monde. Puis elle dénonce un autre risque non moins grave : « le risque de l'alliance entre la démocratie et le relativisme éthique qui retire à la convivialité civile toute référence morale sûre et la prive, plus radicalement, de l'acceptation de la vérité » (§ 101). Une citation de *Centesimus Annus* éclaire cette affirmation par une considération d'ordre empirique : « S'il n'existe aucune vérité dernière qui guide et oriente l'action politique, les idées et les convictions peuvent être facilement exploitées au profit du pouvoir. Une démocratie sans valeur se transforme facilement en un totalitarisme déclaré ou sournois, comme le montre l'histoire. »

7. L'encyclique ne développe pas davantage les conditions de légitimité de l'exercice de l'autorité politique, quand l'ordre moral est concerné. Il faut se reporter pour cela au *Catéchisme de l'Église catholique*, notamment au § 1903, en même temps qu'à des documents de circonstance. C'est ce que nous allons faire pour terminer.

Les rapports entre l'Église et les États démocratiques

Pour s'en faire une idée, il ne suffit pas de lire *Veritatis Splendor*. Ce texte en effet s'en tient au niveau d'un énoncé sur la vérité de l'homme dont la révélation nous fait le don et auquel nulle conscience n'est étrangère.

Par contre, nous disposons de documents nombreux et aisément accessibles attestant cette pratique. À propos des problèmes d'éthique et de morale, l'Église interpelle les législateurs sur leur responsabilité, en rappelant la loi divine, qu'elle justifie de façon plus ou moins développée. Je renvoie par exemple à ce qu'a dit sur ce point Jean-Paul II dans son discours au groupe de travail de l'Académie pontificale des Sciences déjà cité (§ 8).

Mais nous disposons d'un document qui donne une description de cette pratique, de manière développée, dans un domaine particulier, celui des techniques de procréation assistée, c'est l'*Instruction de la Congrégation pour la doctrine de la Foi sur le respect de la vie humaine naissante et la dignité de la procréation (1987)* et particulièrement son chapitre final : *Morale et loi civile.*

1. Le Magistère ecclésial rappelle d'abord la nécessité de l'intervention des autorités politiques et du législateur, dans le domaine considéré, en estimant qu'un recours incontrôlé aux nouvelles « possibilités technologiques qui se sont ouvertes dans le champ de la biomédecine pourraient conduire à des conséquences impré-

visibles et dangereuses pour la société civile » (p. 35 de l'édition vaticane).

Il rappelle que « la tâche de la loi civile est d'assurer le bien commun des personnes par la reconnaissance et la défense des droits fondamentaux, la promotion de la paix et de la moralité publique », thème qui sera largement développé dans *Veritatis Splendor* (§ 101). Ce faisant, il introduit une précision importante relativement à la définition de la tâche de la loi civile : « en aucun domaine de la vie, elle ne peut se substituer à la conscience ni dicter des normes sur ce qui échappe à sa compétence ».

Le même texte ajoute ceci, dont l'importance n'échappera pas : « la loi civile doit parfois, pour le bien de l'ordre public, tolérer ce qu'elle ne peut interdire sans qu'en découle un dommage plus grave » (p. 36).

2. Le Magistère ecclésial énonce les valeurs et les obligations morales que la législation civile doit respecter : dans le cas pris en considération, il s'agit « du droit à la vie et à l'intégrité physique de tout être humain depuis la conception jusqu'à la mort d'une part, et d'autre part, des droits de la famille et de l'institution matrimoniale et, dans ce cadre, du droit pour l'enfant d'être conçu, mis au monde et éduqué par ses parents » (p. 36).

3. Simultanément, il demande aux hommes politiques (en général et non pas seulement aux seuls chrétiens) de s'employer, par leur action sur l'opinion publique, « à obtenir, pour tout ce qui concerne les droits de l'homme, de la vie humaine et de l'institution familiale, le consensus le plus vaste possible dans la société,

et à le consolider là où il risquerait d'être affaibli et amoindri » (p. 37).

4. Considérant que « de nos jours, la législation civile de nombreux États [...] se montre incapable de garantir une moralité conforme aux exigences naturelles de la personne humaine, et aux "lois non écrites" gravées par le Créateur dans le cœur de l'homme », le Magistère fait appel à « tous les hommes de bonne volonté » (et non pas seulement aux catholiques) pour leur enjoindre « de s'employer, spécialement dans leur milieu professionnel comme dans l'exercice de leurs droits civiques, à ce que soient réformées les lois civiles moralement inacceptables et modifiées les pratique illicites » (p. 37).

5. Enfin, face à des lois civiles moralement inacceptables, et à des pratiques illicites, le Magistère envisage « l'objection de conscience », voire l'exigence d'une « résistance passive » (p. 38).

Commandements divins et béatitudes évangéliques

Mgr Henri Brincard
Évêque du Puy

Véritatis Splendor est un texte majeur du pontificat de Jean-Paul II. En effet, pour la première fois, l'Église, par la voix du pape, « fait un exposé d'une certaine ampleur sur les éléments fondamentaux » (§ 115) de la doctrine morale chrétienne. Le Saint-Père rappelle cet enseignement moral de l'Église, avec l'autorité du successeur de Pierre.

Veritatis Splendor s'adresse en premier lieu aux évêques en tant que docteurs de la foi. Mais l'encyclique veut également aider les théologiens moralistes dans leur tâche d'évangélisation du monde contemporain. Rappelant l'enseignement du concile Vatican II, *Veritatis Splendor* souligne, en effet, que la théologie morale doit « mettre en valeur la très haute vocation que les fidèles ont reçue dans le Christ, unique réponse qui comble pleinement le désir du cœur humain » (§ 7). Cependant, l'encyclique est aussi destinée aux fidèles laïcs pour les aider à progresser dans leur vie chrétienne. Elle désire enfin éclairer les hommes et les femmes de bonne volonté.

Il n'est guère possible, dans le cadre d'un article, de relever et d'analyser les principaux enseignements de *Veritatis Splendor*. Contentons-nous d'aborder brièvement celui qui éclaire de manière suggestive le lien entre commandements et béatitudes. À notre époque, il est particulièrement important de rappeler que la morale chrétienne n'est pas un code de lois abstraites. Il faut également ajouter qu'elle ne se réduit pas non plus à une subtile casuistique. Elle est avant tout invitation à suivre Jésus-Christ, crucifié et ressuscité, pour trouver en Lui et par Lui le bonheur de participer à la vie-même de la « glorieuse et indivisible Trinité ». Le chemin conduisant à ce bonheur passe par l'accomplissement des commandements divins dont la signification ultime est révélée par les enseignements et par les actes du Verbe incarné, Sauveur du monde. Les commandements nous invitent au don de nous-mêmes avec un amour venu de Dieu. Se donner au Christ pour être un avec Lui, telle est la première exigence de la morale évangélique ; aimer le prochain avec le cœur du Christ, telle est la seconde. L'homme, qui ne ferme pas son cœur aux appels de la grâce divine, est si profondément uni au Christ qu'il peut s'écrier avec l'apôtre : « Ce n'est plus moi qui vis, c'est le Christ qui vit en moi » (Ga 2, 20).

À celui qui veut appartenir totalement au Christ la morale évangélique propose cette « magna carta » que sont les béatitudes. Selon une heureuse expression de *Veritatis Splendor*, les béatitudes sont un « auto-portrait » du Christ (§ 16). Les béatitudes rappellent à chacun que pour aimer comme Jésus a aimé et connaître ainsi le bonheur d'être pleinement « fils dans le Fils » (§ 18), il faut, avec l'aide du Saint-Esprit, reproduire dans sa vie les attitudes de Jésus et les dispositions intimes de son cœur. En effet, l'amour, prescrit par les commandements, exprime dans le Christ sa perfection transcendante par des actes et par des dispositions que décrivent les béatitudes.

Pour bien saisir la perspective selon laquelle *Veritatis Splendor* considère le lien entre commandements et béatitudes, il nous faut d'abord rappeler en quoi la sagesse de la foi – dont le Magistère de l'Église est le serviteur et le gardien – se distingue de la science théologique et de la sagesse philosophique. Puis nous évoquerons, à grands traits, les aspects principaux de l'enseignement moral du Christ, tels que *Veritatis Splendor* les présente. Nous situerons enfin la place des commandements et des béatitudes dans la vie chrétienne.

La sagesse de la foi

La foi adhère à une vérité qui est une Personne : Jésus, vrai Dieu et vrai Homme. « La lumière inaccessible » habite l'intelligence de l'homme par Celui qui dans la Trinité divine est « lumière née de la lumière » et qui, pour notre salut, a pris chair de la Vierge Marie. Et cette lumière éblouit l'intelligence qu'elle comble au point de la plonger dans la nuit. Par la foi, il y a donc une alliance nouvelle et éternelle entre la Trinité divine et l'esprit humain, alliance scellée dans le sang de l'Agneau. La foi est une participation gratuite à la Sagesse divine qui est Vérité et Vie.

Ce qui est cru par l'Église est au point de départ et au terme de la sagesse théologique, qui, elle, n'est pas une vie divine, mais une réflexion mettant l'intelligence au service de la foi. Il n'est pas nécessaire de rappeler ici l'importance de ce service et les formes multiples qu'il revêt. Disons seulement que, pour avoir une intelligence plus pénétrante du mystère divin, la théologie a besoin de la sagesse philosophique qui considère la source transcendante de l'univers à partir du réel regardé dans la lumière de la métaphysique. C'est, en effet, par son être et par lui seul que l'univers proclame l'existence de son Créateur et fait pressentir, sans les défigurer, les perfections de Celui que le croyant découvre comme un Père très aimant et infiniment miséricordieux. En un effort suprême et purifiant, l'intelligence contemple dans la création la gloire du créateur. Et cet effort est indispensable pour que se constitue à partir de la foi la sagesse théologique.

Le Magistère de l'Église se situe à un autre niveau que la théologie ou la philosophie. Assisté par le Saint-Esprit, il est serviteur de la Révélation divine et veille à la transmission fidèle et intégrale de la Parole de Dieu. Jean-Paul II rappelle cette fonction lorsqu'il écrit dans *Véritatis Splendor :* « Le Magistère de l'Église n'entend pas imposer aux fidèles un système théologique particulier, encore moins un système philosophique, mais pour garder saintement et exposer avec fidélité la parole de Dieu, il a le devoir de déclarer l'incompatibilité de certaines orientations de la pensée théologique ou de telle ou telle affirmation philosophique avec la vérité révélée » (§ 29). Aussi comprenons-nous pourquoi le pape « désire énoncer *les principes nécessaires pour le discernement de ce qui est contraire à la "saine doctrine"*, et rappeler les éléments de l'enseignement moral de l'Église qui semblent aujourd'hui particulièrement exposés à l'erreur, à l'ambiguïté ou à l'oubli » (§ 30). En un mot, le magistère de l'Église est gardien de la sagesse de la foi que le théologien est appelé à scruter à l'aide d'une science qui a sa spécificité et ses limites.

Le Magistère a une autorité fondée sur la grâce apostolique. C'est l'autorité du Bon Berger qui donne sa vie pour ses brebis. Le théologien, lui, bâtit patiemment une science qu'il met au service de la proclamation de la foi de l'Église. Les rôles sont différents. Exercés avec amour et dans l'humilité, loin de s'opposer, ils se complètent au service de l'annonce de l'Évangile.

L'enseignement moral de Jésus

Veritatis Splendor commente le dialogue de Jésus avec le jeune homme riche afin que l'homme contemporain puisse « ré-entendre de manière vivante et directe, l'enseignement moral de Jésus » (§ 6). Pour mieux comprendre l'importance des commandements et des béatitudes dans la vie du chrétien, résumons cet enseignement tel que l'encyclique l'expose.

Toute personne humaine cherche le sens plénier de son existence. Cette quête s'exprime à travers des interrogations universelles : Quel est le bien capable de finaliser ma vie ? Que dois-je faire pour l'acquérir ? Comment discerner le bien et le mal ? À la suite du jeune homme de l'Évangile, nos contemporains se posent la question sur le bien, c'est-à-dire la question morale. Mais la réponse à cette question est rendue difficile par une crise parmi les plus graves qu'ait connues l'humanité. Il s'agit en effet d'une crise qui affecte l'homme dans son intelligence. L'homme ne sait plus ni ce qu'il est, ni d'où il vient, ni où il va. Devenu un errant, il oublie que la liberté, retrouvée par la Rédemption avec une splendeur nouvelle, s'enracine dans la vérité et « a pour fin la communion » (§ 86). Il en fait un absolu afin de s'arroger le pouvoir de décider du bien et du mal. Mais la liberté corrompue par l'orgueil devient licence. Et cette licence fait sombrer les sociétés humaines dans une anarchie mortelle.

Pour retrouver la lumière, au sein de la crise qui secoue le monde contemporain, il est plus urgent que jamais d'écouter attentivement la réponse que Jésus donne à la question du jeune homme riche : « Maître, que dois-je faire pour obtenir la vie éternelle ? » Cette question est toujours actuelle, car elle exprime « une aspiration au bien absolu », aspiration qui se trouve dans le cœur de tout homme.

En répondant : « Qu'as-tu à m'interroger sur ce qui est bon ? », Jésus montre d'abord que la question posée est une question religieuse. En effet, « la bonté, qui attire et en même temps engage l'homme, a sa source en Dieu, bien plus, elle est Dieu lui-même, qui seul mérite d'être aimé "de tout son cœur, de toute son âme, de tout son esprit" (Mt 22, 37) » (§ 9). En un mot, « Dieu seul peut répondre à la question sur le bien, parce qu'il est le Bien » (§ 9).

Mais Celui qui est la Bonté première et parfaite, révèle qu'Il est Amour. Par tout ce qu'il est et ce qu'il dit, Jésus fait connaître que le Père, en son Amour, a donné aux hommes son Fils afin qu'en Lui ils aient la Vie éternelle. La vocation de l'homme – qui dépasse les aspirations naturelles de son cœur – est d'être « fils dans le Fils ».

Ajoutons que cette vocation de fils se réalise dans l'Église, par laquelle le Christ veut s'agréger en plénitude un peuple nouveau, dans la foi à sa Parole et grâce à l'action des sacrements. Au cours de sa pérégrination terrestre, l'Église constitue vraiment les prémisses du peuple nouveau que Jésus veut rassembler à la gloire du Père. C'est dire que l'Église est toute relative au Christ qui vit en Elle et qui agit par Elle. C'est dire aussi que sa mission est de permettre aux hommes de rencontrer le Christ. C'est dire, enfin, que l'ultime finalité de l'Église est de glorifier la Bonté du Père, avec le Fils, dans l'Esprit.

Devenir « fils dans le Fils » signifie participer à la vie trinitaire. Et cette participation se réalise par une conformité au Verbe incarné en lequel le Père a mis toutes ses complaisances. Comment se réalise cette conformité au Christ ? Par une amitié avec lui. L'ami est celui qui, par amour, se donne à son ami. Du fait qu'il se donne librement, l'ami veut être aimé pour lui-même par un don qui répond au sien. L'ami veut aussi que son ami collabore spontanément et généreusement avec lui. La charité, et elle seule, réalise les conditions d'une véritable amitié entre le Christ et l'homme, sauvé par la Croix. La charité, en effet, donne à l'homme d'aimer avec l'amour dont il est aimé. La charité permet également à l'homme de coopérer avec Jésus à la Rédemption du monde.

Mais qu'est-ce que la charité ? La question n'est pas inutile à un moment où ce mot disparaît du vocabulaire chrétien pour être remplacé par des termes qui finissent par réduire le message du Christ à une vague et inconstante philanthropie.

Rappelons en premier lieu que « la charité est dans la volonté humaine une force d'aimer que, ni la psychologie, ni même la seule intelligence, ne peuvent saisir. La charité est dans le cœur de l'homme un mystère car elle est participation à la vie même de Dieu. Elle nous fait aimer Dieu comme Lui nous aime. Par la charité, l'homme aime le Bien divin comme tel, voulant que celui-ci demeure, se diffuse et que rien ne soit fait à son encontre. La charité comprend la bienveillance ainsi qu'un élan affectif de la volonté vers Dieu ».

Attirons aussi l'attention sur le fait qu'il n'y a pas deux charités, l'une pour Dieu et l'autre pour le prochain. Aimant Dieu en lui-même et par lui-même, nous aimons, en effet, tout ce qui est de Dieu, c'est-à-dire ses créatures et, plus particulièrement, notre prochain. Comme le dit en termes précis le Docteur angélique, ce que nous aimons dans le prochain, ce sont « les dons de Dieu et la possibilité du divin » (voir IIa, IIa, Q. 25, a. 1). Est-ce à dire que par la charité nous n'aimons pas le prochain pour lui-même ? Le penser, c'est à la fois méconnaître la transcendance divine – Dieu ne fait pas nombre avec ses créatures – et oublier qu'il y a un ordre dans la charité. Aimer le prochain « à cause de Dieu » signifie, d'une part, que nous voulons qu'il soit de plus en plus en Dieu et qu' « il fasse retour à lui s'il en est éloigné ». Comme l'écrit fort justement le père Héris : « Aimer Dieu d'un véritable amour, aimer ses frères de ce même amour qui, à partir de Dieu, descend vers ses créatures parce qu'elles sont créées à son image et à sa ressemblance et qu'elles portent en elles des promesses de vie divine, voilà la charité. » Remarquons que c'est une des originalités du message chrétien d'unir amour de Dieu et amour du prochain selon un ordre qui manifeste la perfection singulière de la charité et son origine.

En définitive, ce que Dieu attend de l'homme, c'est l'amour. Et la sainteté, à laquelle chacun est appelé par son baptême, n'est rien d'autre que la perfection de l'amour. Jésus nous le fait comprendre en nous laissant deux commandements : « Soyez parfaits comme votre Père est parfait » (Mt 5, 48) ; « Aimez-vous les uns les autres, comme je vous ai aimés » (Jn 13, 43).

À partir de la grâce baptismale et dans la foi, la charité immerge le cœur humain dans cet océan de lumière et d'amour qu'est la Très Sainte Trinité. « Ubi caritas et amor, Deus ibi est », chante la liturgie.

Le rôle des commandements

Sur le Sinaï, Moïse a reçu les dix commandements de l'Alliance. Ces « dix paroles », bien que révélées, sont inscrites dans la nature humaine. L'homme pourrait les découvrir au plus intime de son cœur si, à cause du péché, sa capacité de connaître la vérité ne se trouvait obscurcie et sa volonté de s'y soumettre affaiblie.

Mais Jésus n'abolit pas les commandements de l'Alliance conclue au Sinaï. Il en fait, au contraire, la charte d'un Amour qu'il incarne parfaitement. En Lui et par Lui, les commandements deviennent Vie.

En reprenant les commandements, Jésus les ordonne à la charité et les résume à deux : « Tu aimeras le Seigneur ton Dieu de tout ton cœur, de toute ton âme et de tout ton esprit » (Mt 22, 37) ; « Tu aimeras ton prochain comme toi-même » (Mc 12, 29).

L'amour de Dieu s'exprime par une adoration qui est offrande de tout ce que nous sommes. L'amour du prochain consiste à vouloir pour lui le bien que Dieu lui veut et que nous devons vouloir pour nous-mêmes.

À la Croix, Jésus révèle pleinement ce que signifie, d'une part, adorer le Père dans le don total de soi et ce que signifie, d'autre part, l'amour du prochain. La Croix est vraiment l'Épiphanie de l'Amour, accomplissement parfait de la Loi de l'Amour. Comme le dit le pape Jean-Paul II : « Sa mission (du Christ) culmine à la croix rédemptrice (cf. Jn 3, 14-15), signe de son amour inséparable envers le Père et l'humanité » (§ 14).

Les commandements sont donc « la route ouverte pour un cheminement moral et spirituel vers la perfection dont le centre est l'Amour » (§ 15). Mais cette route, pouvons-nous la parcourir entièrement sur cette terre ? Autrement dit, pouvons-nous « aimer Dieu de tout notre cœur, de toute notre âme et de tout notre esprit » ? Il est bien clair que la plus haute perfection de la charité est d'aimer Dieu d'une façon toujours actuelle et de toute notre puissance d'aimer. Une telle perfection ne sera atteinte qu'au ciel. Elle fait la joie des élus.

Sur cette terre, il y a un degré nécessaire au salut sans lequel la charité n'existe pas. Ce degré est celui par lequel la volonté rejette tout ce qui est contraire à la charité. Les commandements, en indiquant ce qui s'oppose à la charité, orientent la volonté humaine.

Mais il existe également un degré supérieur de la charité, degré par lequel la volonté rejette tout ce qui arrête momentanément l'exercice de la charité. Et ce rejet constant permet au cœur humain de connaître la ferveur d'un amour qui ne dit jamais : « assez » ! Cette ferveur constitue la perfection de l'Amour, à laquelle, dès ici-bas, tout homme, par la grâce divine, est convié. Mais comment atteindre cette perfection ? Comment aller jusqu'au bout du chemin de l'amour, que les commandements indiquent ? Pour répondre à ces questions qui concernent directement notre vie chrétienne, il faut saisir le lien unissant les béatitudes aux commandements.

Les commandements sont la base de la morale évangélique, car leurs exigences « constituent le terrain indispensable où peut germer et mûrir le désir de la perfection » (§ 17). Mais le désir de perfection, fruit d'une liberté sollicitée par l'Amour même qui la sauve, ne peut se réaliser qu'en suivant le Christ sur la route des béatitudes. L'homme ne peut entretenir en son cœur la ferveur de la charité, sans vivre les béatitudes évangéliques. Autrement dit, les commandements nous disent ce qu'il faut faire et les béatitudes comment le faire. Nous ne pouvons parvenir à la plénitude de la charité, objet des commandements, sans laisser le Christ transformer notre cœur dans le sien. Pour bien comprendre l'articulation entre les commandements du Christ et les béatitudes, il faut se souvenir que le Christ est le Royaume promis et le chemin qui y conduit. Le Royaume, c'est la Très Sainte Trinité demeurant éternellement en l'homme qu'elle rassasie de sa Gloire et illumine de sa tendresse. La résurrection des corps n'est-elle pas, dans les élus, le reflet ultime de cette tendresse ? C'est par l'humanité sainte de Jésus unie à la nature divine dans la Personne du Verbe que le Royaume est offert aux hommes. Pour que la Très Sainte Trinité habite pleinement le cœur de l'homme, il faut que la charité nous fasse ressembler à Jésus. Aimer Dieu de tout son cœur, de toute son âme et de tout son esprit, et le prochain comme soi-même, signifie donc marcher librement derrière le Crucifié sur un chemin de pauvreté, de douceur, d'affliction, de faim et de soif, de miséricorde, de pureté, de paix et de contradictions multiples. La morale chrétienne a pour finalité spécifique de conduire l'homme au Royaume, c'est-à-dire à la contemplation lumineuse et aimante du Dieu un et trine. Et le chemin du Royaume est Jésus lui-même, contemplé et imité dans la lumière des béatitudes : « Le Christ est au cœur des béatitudes et les illumine » (père M.-D. Philippe). Chaque béatitude est expression de la charité de Jésus. Chaque béatitude est pour nous invitation à tendre à la perfection de l'Amour.

Bienheureux les pauvres

L'union hypostatique et la charité font de Jésus le pauvre par excellence qui ne dépend que du Père dont il reçoit, dans un engendrement éternel et parfait, l'unique nature divine. Au sein de la Trinité, le Père n'est-il pas « tout l'Amour donné » et le fils « tout l'Amour reçu » ? Dans sa nature humaine, Jésus exprime sa dépendance radicale à l'égard du Père par une incessante adoration d'amour, de louange et d'action de grâce (Ap 4, 6-8). Marcher avec le Christ, en laissant Jésus modeler notre cœur sur le sien, signifie adorer le Père comme lui n'a cessé de l'adorer. Pour que le Royaume demeure en nous et que nous devenions « fils dans le Fils », nous sommes invités à vivre, autant que nous le pouvons, la pauvreté d'amour du Christ. Et l'adoration est l'acte par lequel nous faisons de notre pauvreté un chant d'amour et de reconnaissance. La pauvreté extérieure que Jésus propose au jeune homme riche n'est qu'un moyen par lequel Jésus pourra lui communiquer, dans une intimité nouvelle, l'adoration de son cœur de Fils bien aimé, adoration dont la Croix est la manifestation éclatante.

Par son adoration, Jésus accomplit aussi parfaitement le second commandement, qu'il rattache au premier : « Aimer son prochain comme soi-même » signifie, pour Jésus, vouloir pour l'homme la pleine possession du Royaume. En offrant sa vie sur la croix dans une adoration de propitiation, Jésus donne accès au Royaume. « Tu es digne de prendre le livre et d'en ouvrir les sceaux, car tu fus égorgé et tu rachetas pour Dieu, au prix de ton sang, des hommes de toute race, langue, peuple et nation ; tu as fait d'eux pour notre Dieu une royauté de prêtres régnant sur la terre » (Ap 5, 9-10). L'amour qui glorifie la sainteté du Père sauve le monde. Il est également demandé au baptisé d'offrir sa vie pour ses frères. L'adoration du Père est inséparable de la charité fraternelle.

Bienheureux les doux

Jésus est l'Agneau. Il ne veut point exercer d'autre puissance que celle de l'amour. Il ne condamne pas. Il n'écrase pas. Il ne rejette pas. Il porte le péché du monde. Sa Royauté est celle de l'amour qui manifeste à la croix sa perfection et sa toute-puissance. La douceur de Jésus exprime son obéissance aimante à l'égard du Père. Sur le Golgotha, le Père fait de Jésus « le Roi des chefs de la terre ». Par cette douceur, Jésus exprime sa charité fraternelle. Il prend la place du pécheur. Il s'offre pour lui.

Plus la douceur de Jésus s'emparera de nous, plus nous participerons à sa Royauté. À la suite de Jésus, nous sommes appelés à combattre le mal et à en triompher par la douceur, signe d'un amour puissant et divin. Ce même amour divin nous fera intercéder pour le monde jusqu'au sacrifice de notre vie.

Bienheureux ceux qui pleurent

La Croix est pour Jésus source d'amertumes et de consolations. Le péché de l'homme met dans son cœur une tristesse mortelle. Son offrande le console car elle glorifie le Père et sauve le monde. Jésus pleure que l'amour ne soit pas aimé. Plus on aime, plus les refus de correspondre aux appels de l'amour sont cause de souffrance. La joie de l'amour, c'est de triompher dans les cœurs. Et cette joie, Jésus la connaît avec une intensité particulière à la croix. L'accomplissement du premier et du second commandement fait pleurer et apporte de grandes consolations. On ne peut aimer Dieu sans avoir un sens grandissant du péché. On ne peut aimer le prochain sans pleurer. Seule la Croix nous console, dans la mesure où nous remplissons toute souffrance de l'amour divin qui a sauvé les hommes.

Bienheureux ceux qui ont faim et soif de justice

Jésus désire la justice du Royaume, cette justice qui est respect de la sainteté de Dieu, participée en l'homme par le don de la grâce.

L'adoration par laquelle Jésus accomplit le premier commandement rend gloire à la sainteté du Père. Cette adoration est un acte de justice. La Croix est le signe par excellence de la soif de justice qui est en Jésus. La Résurrection est le signe que la sainteté divine fait triompher ses droits. Aimer Dieu, c'est respecter ses droits de Créateur et de Père. En nous, la ferveur de la charité donne soif de pratiquer la justice du Royaume.

Bienheureux les miséricordieux

Jésus porte, par amour, la misère de l'homme pécheur. Il est l'Agneau de Dieu. Il communique à l'homme pécheur le pardon du Père, pardon obtenu par l'adoration du Golgotha. L'amour compatit, l'amour s'offre. L'amour pardonne. Dans notre cœur, la charité divine est source de supplication, de compassion et de pardon. L'exercice de la miséricorde manifeste en nous la présence de la charité et en assure la croissance. Le cœur miséricordieux est celui en lequel l'amour surabonde.

Bienheureux les cœurs purs

En tout, Jésus n'a cherché que la volonté du Père. « Ma volonté est de faire la volonté de Celui qui m'a envoyé » (Jn 4, 34). La pureté de cœur du Verbe Incarné, c'est la pureté d'un Amour qui s'exprime dans une obéissance libre et joyeuse. « Tout ce que le Père fait, le Fils le fait pareillement » (Jn 5, 19). La pureté en nous n'est pas d'abord une vertu morale. Elle est l'œuvre de la charité divine qui ordonne tout à elle.

Bienheureux les artisans de paix

C'est l'amour divin et lui seul qui explique l'Incarnation et la Rédemption. C'est lui qui, à la Croix, a réconcilié le ciel et la terre. La volonté humaine de Jésus est une dans la charité avec la volonté du Père. Cette unité parfaite fait de Jésus le Prince de la Paix. Jésus est artisan de paix parce qu'il est la Paix. La charité divine fait du cœur qu'elle remplit un instrument de paix et de réconciliation : « La charité est longanime ; la charité est serviable ; elle n'est pas envieuse ; la charité ne fanfaronne pas, ne se gonfle pas ; elle ne fait rien d'inconvenant, ne cherche pas son intérêt, ne s'irrite pas, ne tient pas compte du mal ; elle ne se réjouit pas de l'injustice, mais elle met sa joie dans la vérité. Elle excuse tout, croit tout, espère tout, supporte tout » (1 Co 13, 4-7).

Dans le domaine de l'agir moral, le chrétien est invité à suivre Jésus en partageant sa vie. Cette « sequela Christi » peut aller jusqu'au martyre où le chrétien rend un ultime témoignage à la vérité de l'Amour. *Veritatis Splendor* rappelle la fécondité de ce témoignage : « Les martyrs et plus généralement tous les saints de l'Église, par l'exemple éloquent et attirant d'une vie totalement transfigurée par la splendeur de la vérité morale, éclairent toutes les époques de l'histoire en réveillant le sens moral » (§ 93).

Les béatitudes traduisent la plénitude de l'amour qui habite le cœur de Jésus. Cette plénitude d'amour se manifeste en des dispositions et des actions qu'il nous faut reproduire pour accomplir parfaitement les commandements. En imitant Jésus, la charité atteint en nous sa perfection.

Le Saint-Esprit, reçu au baptême et à la confirmation, répand l'amour dans nos cœurs. Il fait croître en nous la charité. Par ses sept dons, l'Esprit de vérité et d'Amour nous fait vivre les béatitudes.

Parvenue à sa perfection dans le cœur baptisé, la charité, après la mort, ne sera plus soumise au régime de la foi « Dieu aura sa demeure avec les hommes » (Ap 21,2). Comme l'écrit avec une profondeur touchante le cardinal Charles Journet : « L'heure de la mort, c'est l'heure même du saint amour [...] C'est la porte du temps qu'on enfonce, c'est la rencontre avec le créateur, c'est l'entrée dans la splendeur et dans la vie ; c'est la foi qui devient vision, c'est l'espérance qui devient possession, c'est l'amour qui éclate et qui s'éternise. » L'Apocalypse nous révèle le Royaume parvenu a son achèvement dans l'Église du ciel : « Il y aura un ciel nouveau et une terre nouvelle » (Ap 21, 1) ; « Il n'y aura plus de peur, de cri et de peine (Ap 21, 4) ; « Celui qui a soif recevra gratuitement l'eau de la vie » (Ap 21, 6) ; « Le trône de Dieu et de l'Agneau sera dressé dans la ville et les serviteurs de Dieu l'adoreront. Il verront sa face et son nom sera sur leurs fronts » (Ap, 22, 3-4). Les béatitudes évangéliques expriment des actes et des œuvres qui nous préparent à la vie du ciel.

La possession définitive du Royaume dans l'éternité sans fin comblera l'homme au-delà de toutes ses attentes. Dieu « sera lui-même la fin de nos désirs. Lui que nous contemplerons sans fin, aimerons sans satiété, louerons sans lassitude. Et ce don, cette affection, cette occupation seront assurément, comme la vie éternelle communs à tous » (saint Augustin).

Les commandements manifestent la volonté divine qui est volonté d'Amour. Leur accomplissement finalise la liberté de fils, reçue par le baptême. Le Christ, qui est « la Loi vivante personnifiée » (§ 15) est aussi le chemin par lequel l'homme accomplit la volonté du Père. Lorsque nous devenons semblables au Christ, par l'amour que l'Esprit Saint diffuse en nos cœurs, les béatitudes – « auto-portrait » (§ 16) du Verbe fait chair – deviennent progressivement nôtres. Pleinement « fils dans le Fils », nous connaîtrons « ce que l'œil n'a pas vu, ce que l'oreille n'a pas entendu, ce qui n'est pas montré au cœur de l'homme, tout ce que Dieu a préparé pour ceux qui l'aiment » (1 Co 2, 9). Lorsque la charité aura pris entièrement possession de notre cœur, « nous le verrons tel qu'il est » (1 Jn 3, 1), participant à la félicité même de Dieu.

La Vierge Marie, qui « suit l'Agneau partout où il va » (Ap 14, 4), est pour l'Église et pour chacun d'entre nous le modèle de la croissance de la charité que réalise l'accomplissement des commandements dans la lumière des béatitudes. La Mère de l'Église nous fait comprendre que commandements et béatitudes sont au service de l'unique et indivisible charité qui tend spontanément à la perfection dont Dieu seul est mesure.

« Ô Marie,
Mère de Miséricorde,
veille sur tous,
afin que la Croix du Christ
ne soit pas rendue vaine,
que l'homme ne s'égare pas
hors du sentier du bien,
qu'il ne perde pas la conscience du péché,
qu'il grandisse dans l'espérance en Dieu,
"riche en miséricorde" (Ep 2, 4),
qu'il accomplisse librement les œuvres bonnes
préparées d'avance par Dieu (cf. Ep 2, 10)
et qu'il soit ainsi, par toute sa vie
"à la louange de sa gloire" (Ep 1, 12) » (§ 120).

Table des matières

Achevé d'imprimer en octobre 1994
par l'imprimerie Campin (Belgique)
n° d'édition : 94176